困ったとき読む本シリーズ

新よくわかる労働基準法

改訂3版

はじめに

毎日バリバリと仕事をこなしていても、職場で嫌がらせにあってしまうこともあるでしょう。これだけでなく、年休が思うようにとれない、採用時の労働条件が確保されていない、残業代が支払われない、突然解雇される人がいるなど、「どうも話が違うな」ということは多かれ少なかれ、皆さんのまわりにあることでしょう。

そんな時、労働者が自分の権利がどのようなものか、どういう行為が違法行為なのか、労働基準法をはじめとする労働法をあらかじめ知っておくことが、とても重要です。

労働基準法は憲法第二七条第二項の規定「賃金、就業時間、休息その他の勤労条件に関する基準は、法律でこれを定める」に基づき労働者を保護する目的で制定された法律です。したがって、労働条件の最低条件を具体的に定めていて、その基準を下回る条件は無効であり自動的に労働基準法に定める基準に置き換えられるだけでなく、これに違反した場合は罰則が課せられます。

ですから、労働者だけでなく、使用者にとっても健全な労働環境が確保されているかどうかをチェックするためにも、労働基準法を理解しておくことはとても重要です。

また、二〇一八年に「働き方改革関連法」が成立し、これにより二〇一九年四月から改正された労働基準法が順次施行されていきます。本書では、改正された労働基準法がどのように人を大切にする労働環境づくりをめざしているのか、また、人を大切にする企業づくりを実現しようとしているのか、わかりやすく解説しています。特に、改正労働基準法に対応した就業規則の見直しを行おうとしている人事労務担当者の方にも最適な内容としてあります。

本書を幅広く活用され、労働問題の発生の防止、より良い職場環境の整備につなげていただけるよう、編者として切に願っています。

二〇一九年三月

CONTENTS

CONTENTS

パート4 労働時間の基本を押さえる 79

CONTENTS

パート6 賃金について知っておくべきこと 129

パート8 退職と解雇には今から備えておく 183

パート9 さまざまな働きかたに対応する 207

●本書で使用している法律の略称と正式名称

労基法　労働基準法
労組法　労働組合法
労災保険法　労働者災害補償保険法
安衛法　労働安全衛生法
労働施策総合推進法　労働施策の総合的な推進並びに労働者の雇用の安定及び職業生活の充実等に関する法律
（旧雇用対策法）
職安法　職業安定法
派遣法　労働者派遣事業の適正な運営の確保及び派遣労働者の保護等に関する法律
均等法　雇用の分野における男女の均等な機会及び待遇の確保等に関する法律
労働時間等設定改善法　労働時間等の設定の改善に関する特別措置法
パート労働法　短時間労働者の雇用管理の改善等に関する法律
パート・有期労働法　短時間労働者及び有期雇用労働者の雇用管理の改善等に関する法律
育児・介護休業法　育児休業、介護休業等育児又は家族介護を行う労働者の福祉に関する法律
労契法　労働契約法

令・則は、それぞれの施行令、施行規則を示します。

二〇一九年から
順次施行

働き方改革関連法とは

巻頭特集

働き方改革関連法が成立した。これにより労働基準法も大きく改正され、2019年4月から順次施行される。より良い働き方をめざす働き方改革関連法とはどのような内容なのか、主な内容を確認しよう。

1 長時間労働の抑制と多様な働き方の実現をめざす

働き方改革関連法とは、二〇一八年六月に成立した一連の労働法改正の総称で、正式には「働き方改革を推進するための関連法律の整備に関する法律」という名称です。

この法律によって改正される法律は、次の八本です。

・労働基準法　・労働安全衛生法　・労働契約法
・パート労働法（改正後はパート・有期労働法。本書では「パート労働法」とします）
・労働者派遣法　・労働時間等設定改善法
・じん肺法　・雇用対策法（改正後は労働施策総合推進法）

「働き過ぎ」を防ぎながら、「多様で柔軟な働き方」の実現、「雇用形態にかかわらない公正な待遇」を実現することをめざすとしています。

主な内容は次ページのとおりですが、この中には残業時間の上限を規制する制度など、すべての労働者、企業が知っておくべき内容が含まれています。

働き方改革関連法の主な内容

1 残業時間の上限の規制（労働基準法改正）

大企業は2019年4月から、中小企業は2020年4月から適用

2 「勤務間インターバル」制度の導入（労働時間等設定改善法改正）

終業と始業の間に一定の休息時間を確保する制度。
2019年4月から適用

3 一人1年5日間の年次有給休暇取得を義務化（労働基準法改正）

10日以上年休が付与される労働者に5日以上の
年休取得を義務化。2019年4月から適用

4 月60時間を超えた残業の50％割増賃金率を中小企業にも適用（労働基準法改正）

2023年4月から中小企業にも適用（大企業では2010年から実施）

5 フレックスタイム制の見直し（労働基準法改正）

フレックスタイム制の「清算期間」の上限を1か月から3か月に
延長。2019年4月から適用

6 「高度プロフェッショナル制度」の導入（労働基準法改正）

高度な専門知識をもち高収入な労働者を労働時間規制
の対象から本人の同意を条件に外す制度。2019年4月から実施

7 同一労働同一賃金（労働契約法・パート労働法・派遣法改正）

正社員と非正規社員との不合理な待遇差を禁止する制度。
大企業では2020年4月から、中小企業では2021年4月から適用

2 残業時間の上限規制が新設

残業は最大年七二〇時間以内、月一〇〇時間未満

働く人と企業に大きな影響がある改正の一つは「**残業時間の上限規制**」です。

働き方改革関連法により労働基準法が改正され、残業規制の新たな制度が導入されました。労働時間の基本はパート4で詳しく解説しますが、今回の改正は労働基準法が制定されて以来の大改正となる重要な内容です。

従来の労働基準法でも、行政指導により残業時間には一定の上限がありました。

しかしながら、法律上の上限はありませんでしたので、上限を超えて働かせても法律違反とはなりませんでした。改正労働基準法では法律で上限を定め、**これを超える残業は違法**となり、罰則（六カ月以下の懲役または三〇万円以下の罰金）も適用されることとなります。

法律による上限は原則として**月四五時間**、**年間三六〇時間**です。労使で協定を結んで特別な事情があって残業させる場合にも月平均八〇時間以内、最大月一〇〇時間未満、年間七二〇時間以内という上限が規定されました。それを超える残業は違法となります。

残業規制の内容

原則　月45時間　年360時間

○労使協定を結んではじめて残業をすることができる
○臨時的な特別の事情がなければこれを超えることはできない

臨時的な特別の事情であって労使で合意した場合の上限

■年720時間以内
■月100時間未満（休日労働を含む）
■複数月平均80時間以内（休日労働を含む）
○複数月平均とは：45時間を超えて残業する月からさかのぼって（その月を含む）2、3、4、5、6カ月間の残業時間の平均が休日労働時間を含めて80時間以内でなくてはならない
■原則の月45時間を超える残業は年間6カ月まで

適用

■大企業は2019年4月から。中小企業は2020年4月から
■医師、建設業、運転手等は2024年3月まで適用が猶予される
■新技術・新商品等の研究開発業務は適用されない

3 同一労働同一賃金

雇用形態にかかわらない公正な待遇を実現

今回の働き方改革関連法のもう一つの柱は「同一労働同一賃金」です。「同一労働同一賃金」とは、正社員（無期雇用フルタイム労働者）と非正規社員（パートタイマー・有期雇用労働者・派遣労働者）との**不合理な待遇差**をなくす制度です。改正されたパート・有期労働法および労働者派遣法に規定されます。

改正後は、正社員とパート、有期雇用労働者との間の基本給や賞与、手当という賃金項目ごとに待遇差が合理的かどうか判断されることになります。賃金項目ごとに合理的か不合理かを判断する際には、賃金項目の性質・目的に照らして判断されます。たとえば「住宅手当」について、正社員は転勤があるため住居に係る費用を補助する目的で支給し、非正規社員は転勤がないために支給しないという待遇差は、「合理的な待遇差」となり違法ではありません。一方、正社員も非正規社員も転勤がないようなケースで正社員のみに支給するという待遇差は合理的なものではなく、違法となります（派遣労働者の場合は219ページで解説）。

同一労働同一賃金の具体的内容

正規雇用労働者とパート・有期雇用労働者の場合

1 基本給	職務、能力、勤続が同一であれば同一の、同一でなければその違いに応じた支給をしなければならない。
2 賞与	会社への貢献に応じて支給する場合、基本給同様、貢献に応じた支給をしなくてはならない。 ただし、正社員と非正規社員の責任や職務内容が違う場合は必ずしも違法になるわけではない。
3 役職手当	役職の内容、責任に応じた支給をしなくてはならない。同じ場合は同一にしなくてはならない。
4 その他の手当	特殊作業手当、時間外・休日労働手当、通勤手当、食事手当などは、支給の目的が正社員と非正規社員で変わるものではなく、同一の支給が求められる。
5 福利厚生・教育訓練	賃金の決定だけでなく、福利厚生設備の利用・教育訓練の実施も同一の職務であれば同一の待遇が求められる。

のポイント

1 **一人でも労働者を使用**していれば、適用される

2 労基法の労働条件は**最低基準**であり、その基準以下の労働契約は無効になる

3 国籍や思想信条による**待遇差別**、性別による**賃金差別**は認められない

4 意に反した労働を強制されることはなく、**退職の自由は保障**されている

5 期間に定めがある労働契約は、**原則として三年**が上限となる

6 基本的な労働条件は、**書面で明示**してもらうことができる

7 解雇には正当な理由と手続きが求められ、**濫用は許されない**

8 退職・解雇にはその**理由を証明**してもらえる権利がある

9 賃金は原則として**全額**が本人に**直接**、**現金**で、**毎月一回以上**、**一定期日**に支払われる

一目でわかる!! 労基法

10 **使用者の管理下**にあれば、すべてが労働時間になる

11 六時間を超えると四五分、**八時間を超えると六〇分以上の休憩時間**がある

12 **週一日**、または**四週四日の休日**が保障されている

13 **残業はあくまで例外**で、就業規則への記載と労使協定の締結・届出が必要

14 残業時間には上限があり、**月四五時間**、**年間三六〇時間**が原則となる

15 残業・休日労働・深夜業に対しては、**割増賃金**が支払われる

16 **半年、八割以上出勤すれば一〇日**の年次有給休暇が発生する

17 産前産後休業、育児時間などの措置は**使用者の義務**だ

18 就業規則は職場ルールの根拠であり、その内容には**労使双方が拘束**される

19 労基法違反があれば、監督署に**是正指導**の申告ができる

20 労基法に違反した者には**懲役または罰金刑**が課せられることもある

コラム

困ったときは総合労働相談コーナー

もし労働関係のトラブルがあったときは、あらゆる労働相談にワンストップで対応してくれる「総合労働相談コーナー」で相談を無料で受けられます。都道府県労働局や労働基準監督署に全国380カ所設置されています。

この労働相談コーナーには年間110万件（平成29年度）労働相談が寄せられ、民事上の個別労働紛争相談件数は25万件、その内訳は次のとおりとなっています。

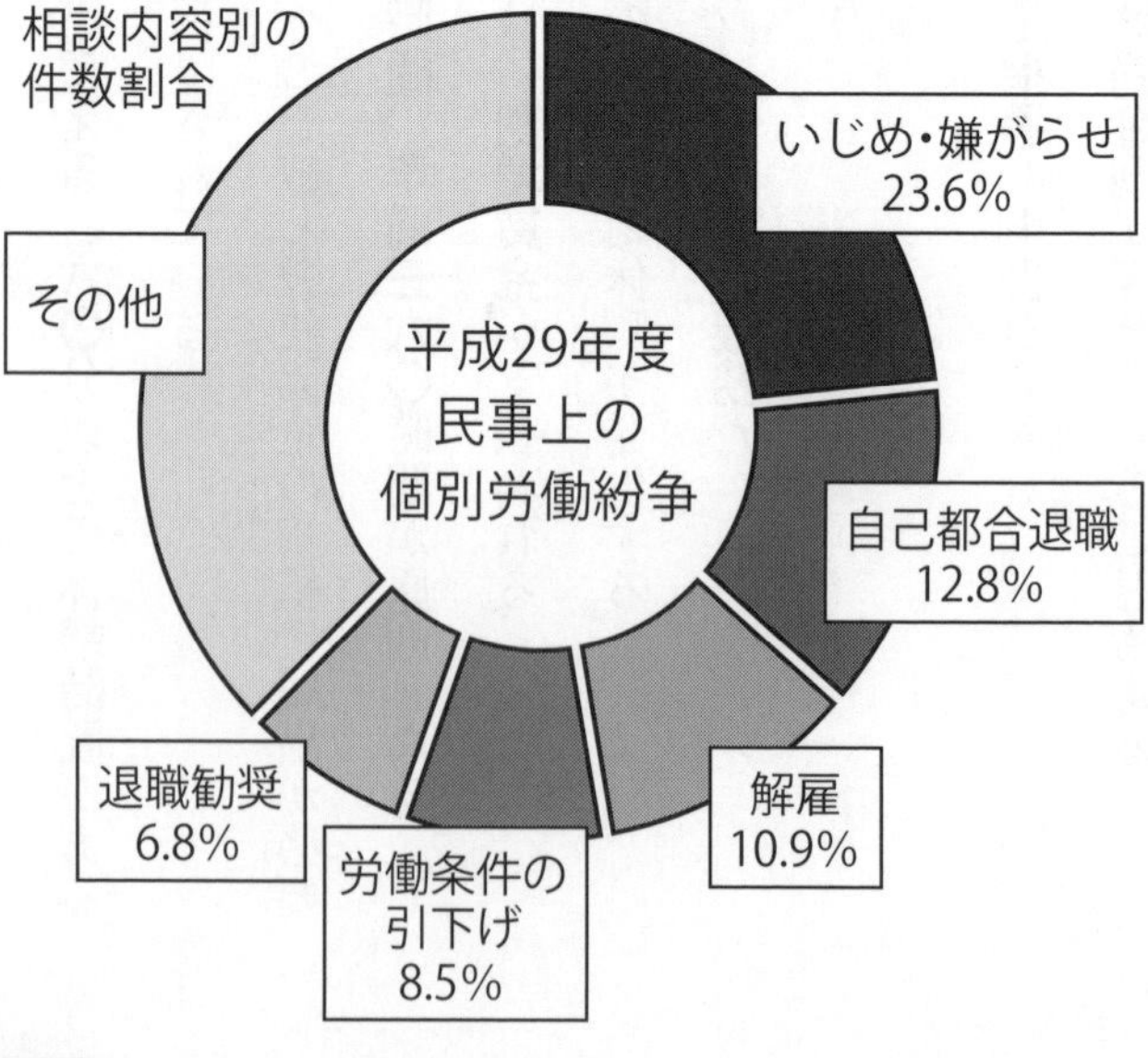

パート1 労基法のしくみをつかもう

職業生活の中心を支える労基法。
最も身近で大切ともいえるこの法律の
基本的なしくみと役割を正しく理解する。

1 労基法とはどういう法律か

個々人の権利を直接守っている

職業生活にはさまざまな法律が複雑に関わっていますが、私たちがまず知っておきたいのは労働関係の法律です。いわゆる**労働三法**（労働基準法、労働組合法、労働関係調整法）は労働者の権利を守る中心的存在ですが、なかでも**労働基準法**（**労基法**）は、私たち個々人にとって最も身近で最も大切な法律ということができます。

というのは、労基法は労働者の個人的な権利を直接保護しているからです。具体的には一日の労働時間の上限をはじめ、賃金の支払方法や解雇・退職についてのルール、いつ・どのくらい休めるのか、といった基本的な労働条件についての基準を示しています。

労基法のもう一つの特徴は、これが**強行法規**であるという点です。たとえば一週四〇時間、一日八時間という労働時間の上限はすべての企業に適用されますし、これを守らない経営者などには、罰則が科せられるわけです。

私たちの職業生活の味方として、最も頼りになるのが労基法なのです。

憲法の精神がここに具体化されている

労働条件は、労働者が人たるに値する生活を営むための必要を充たすべきものでなければならない（第1条）

2 労働条件の最低基準がここにある

基準を下回る定めは無効になる

労基法が定める労働条件の基準は、「**最低のもの**」とされています（第一条第二項）。

ですから、一日八時間という労働時間の上限について、「ウチは忙しいから」などといって九時間にするようなことは、変形労働時間制（98ページ）を採用しない限り、認められません。

労基法で定める基準に達しない部分の労働契約は無効とされ（第一三条）、労基法の規定、すなわち一日八時間が自動的に適用されることになります。

仮に個別契約で労働者自身が同意しても同じことです。強行法規というのは、個々人の意思に関わらずに適用されるからです。

また、所定労働時間が七時間の会社でも、「労基法では八時間まで認められているから」という理由で、労働時間を延長することもできません。労基法の基準を理由として労働条件を低下させてはならないからです（第一条第二項）。

さらに使用者には、労働条件の向上に努める義務もあるのです（同項）。

“最低基準”が意味するもの

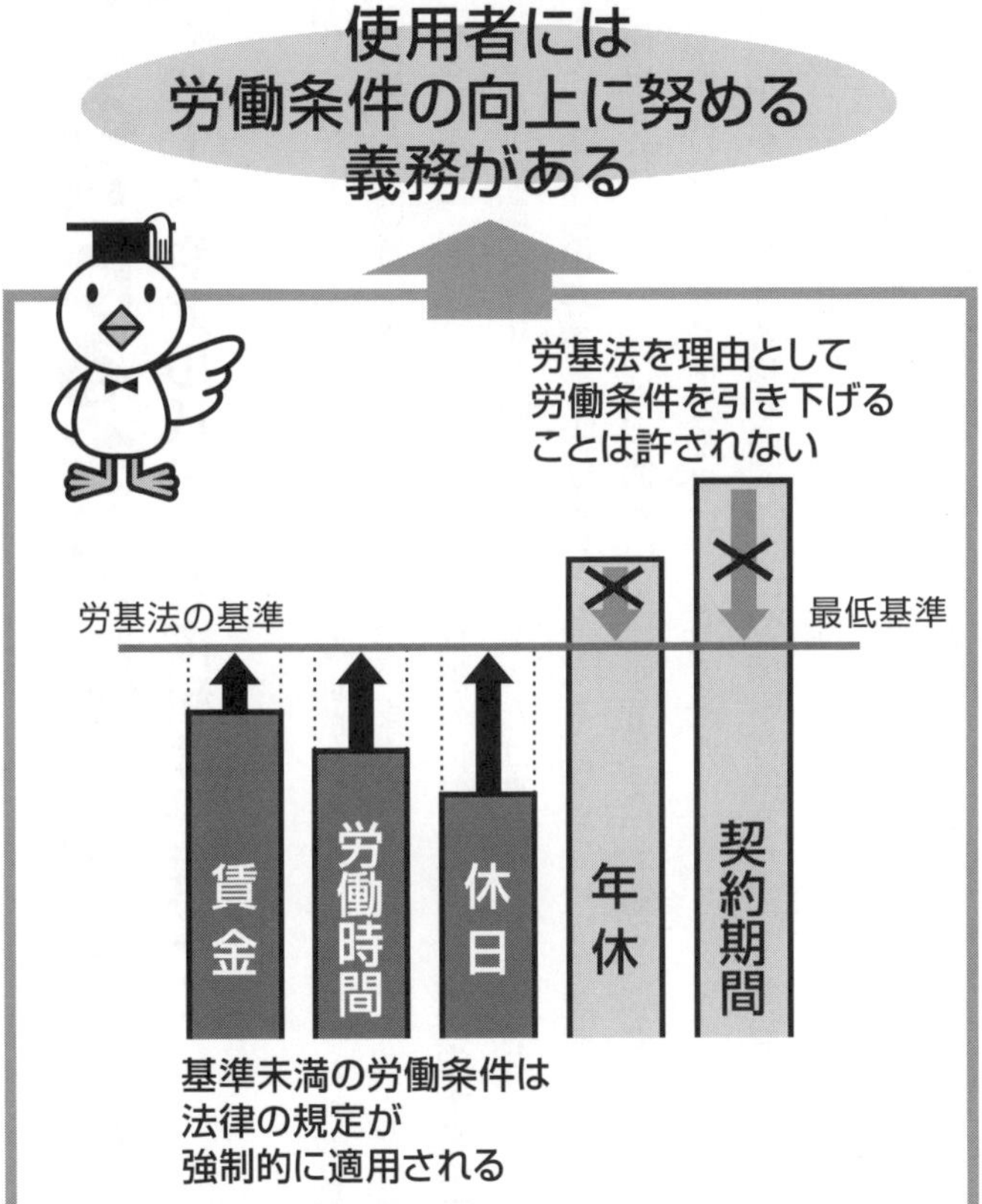

**労基法違反の労働契約は
無効になる！**

3 あらゆる会社に強制的に適用される

パートやアルバイトも権利は平等だ

労働者が一人でもいる会社には、労基法は全面的に適用されます。行政解釈では、「業として継続的に行われている」事業場を対象としていますが、一般的には「従業員が一人でもいる会社」と考えてよいでしょう。ここで正しく理解しておきたいのは、**労働者の定義**です。

労基法では、①職業の種類を問わず、②事業または事務所に使用され、③賃金を支払われる者、とされています（第九条）。①はよいとして、②③については説明が必要でしょう。

まず、「使用され」というのは、他人の指揮命令を受けて働くことをいいます。そのため経営者や経営権を持つ重役などは労働者にはなりません。

次に賃金ですが、これは名称を問わず、「労働の対償として」支払われるものすべてとされています（第一一条）。したがって、正社員はもちろん、契約社員や期間工、パートタイマーやアルバイトなど、雇用形態がどうであれ、賃金を受ける者はすべて労働者に該当します。つまり、労基法の保護は、なにひとつ差別なく適用されるというわけです。

労基法の基本用語をつかもう

適用事業場	業種・規模を問わないあらゆる事業・事務所が対象 ※「同居の親族のみを使用する事業」は適用除外になるなどの例外規定もある
「業として」	日々のなりわいとして、反復・継続して行うこと。営利を目的とするかどうかは問わない
適用単位	個別事業場。企業全体ではなく、本店・支店・営業所・工場など、独立して事業活動を行う場所ごと
労働者	適用事業場に使用され、賃金を支払われる者 パート・アルバイト・契約社員など、雇用形態の種類は問わない
賃金	労働の対償として使用者が支払うすべてのもの。現金はもちろん、住宅や食事なども該当する場合がある

4 使用者って誰のこと？

経営者だけが使用者とは限らない

労基法の多くの条文には、「使用者は……してはならない」、「使用者は……しなければならない」といった表現が用いられています。法律の目的である労働者保護を確保するためには、使用者の義務と責任を明らかにする必要があるからです。

ここで問題となるのは、では**使用者とは誰**なのか、ということです。社長がそうであることはまちがいありませんが、労基法の定義ではさらに幅広い役職者が対象となります。

すなわち、経営担当者や労務管理に一定の権限をもつ者、も使用者の範囲に含んでいるのです。その判断は実態に基づいて行われますので、役職名にとらわれることなく、部長や課長が使用者となることは十分に考えられます。

なお、これらのいわゆる**中間管理職**は、労働者の指揮監督という仕事に応じて、賃金を支払われているので、労働者でもあるわけです。したがって、使用者責任を負うとともに、労働者として労基法の保護が受けられる側面もあります。

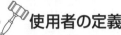

“使用者”には3種類がある

使用者の定義

事業主又は事業の経営担当者その他その事業の労働者に関する事項について、事業主のために行為をするすべての者（第10条）

①事業主

法人なら法人そのもの、
個人事業では事業主個人

②事業の経営担当者

取締役、理事、支配人など、
事業経営一般について責任を負う者

③その他事業主のために行為をするすべての者

人事・給与・労務管理（例・人事部長、労務課長）など、労働条件の決定・管理に権限を与えられている者や指揮監督を行う者

5 働く者の権利は誰もが平等だ

国籍、信条、社会的身分による差別は許されない

均等法が、職場の男女差別を禁止した法律であることは広く知れ渡っているでしょうが、それ以前に労基法では、**均等待遇の原則**を定めています。すなわち、「国籍、信条又は社会的身分」を理由とする差別的取扱いを禁じた第三条がそれです。

ここでいう差別的取扱いとは、同じような仕事を同じようにこなしていても、たとえば「彼は○○人だから」という理由だけで、賃金や労働時間などの労働条件に差をつけることです。

一方、社会的身分というのは生来の身分、つまり家柄や出身地などをさします。ここが複雑なところですが、たとえばパートやアルバイト、契約社員といった雇用契約上の身分を対象としているわけではありません。

そのため、パートと正社員とで労働条件に差があってもただちに違法とはなりませんが、パート労働法ではパートの職務内容などに応じて正社員と均衡のとれた待遇を確保することが求められ、正社員と同様の就業実態があるパートの差別的取扱いが禁止されます。

差別的取扱いは許されない

差別にはこんな種類がある

国　　籍	日本国籍を持つかどうか。人種の違い
思想信条	特定の政治・宗教上の信念
社会的身分	生来的な身分。家柄や出身地
男女間の賃金差別	性別を理由に賃金格差をつけること。その他の性別を理由とした労働条件の差別待遇については、均等法で禁止されている

差別的取扱いとは

本人の能力や意欲とは無関係な理由で労働条件に差をつけること

例
- 外国人には一定の仕事しかまかせない
- 政治的発言をもとに配転する
- 出身地に応じて昇進を制限する
- 男女別枠の賃金体系を適用する　など

法の下の平等、差別の禁止は憲法第14条で保障されている

6 なにがあっても許されないこと

知らぬまに強制労働を受け入れていないか

法制定から七〇年以上経つ労基法には、ところどころに古臭さを感じさせられる条文もあります。その代表的なものが**強制労働の禁止**（第五条）や**中間搾取の排除**（第六条）でしょうが、これらの条文の意義は、現在でも立派に生きています。

いまどき「首に縄をつけて」といった強制労働はほとんどないとは思われますが、形を変えて知らないうちに強いられることはあり得ます。

たとえば会社の費用負担で海外留学などした場合、その後一定期間の就労を義務づける、といったことがあります。会社としては莫大な費用を負担したのだから当然、と思うでしょうし、参加者本人も納得するかもしれません。しかし労働者にはいつでも会社を辞める自由があるのですから、こうした取決めは強制労働の色彩が強くなります。

このほか**賠償予定の禁止**（第一六条）、**前借金相殺の禁止**（第一七条）なども、同様の趣旨によるものです。

強制労働につながる制度

賠償予定の禁止（第16条）

業務上のミスや会社施設の破損について、事前に損害賠償額を決めてはならない。ただし、現実に生じた損害について賠償させることはできる

×	不良品生産1個○円、遅刻1回△円という一定額を決めておく
○	会社施設を実際に破損した場合、その実費を請求する
×	契約期間中の退職に違約金を定めておく
×	研修費を会社が負担し、参加者には一定期間の就労を義務づける
○	自己研さんなどの費用を会社が貸与し、一定期間を就労すれば返却義務を免除する

前借金相殺の禁止（第17条）

会社からの借金を返済し終えるまで就労を強制することは許されない。また、賃金から差し引く場合には条件がある

×	賃金の前借りを返済するまで退職させない
×	就職支度金で一定期間の就労を強制する
△	借金を毎月の賃金から差し引く

（ただし労使協定に基づき、継続就労を条件にしないこと）

参考

住宅融資金返済のルール

- ●労働者の申出に基づくこと
- ●賃金などからの返済額が妥当であること
- ●返済前の退職を束縛しないこと

7 関連する法律にも目を向けよう

職場の中心であることに変わりはない

労基法の制定は一九四七年のこと。現在とは労働環境も経済状態もまるで違う時代でのことでした。以来、七〇年以上が経ち、労基法も時代の変化とともに大きく様変わりしてきました。そして同法だけでは対処できないことも増加し、さまざまな法律が生まれてきています。

たとえば賃金の最低基準を定めた「**最低賃金法**」と、職場での災害予防を目的とする「**労働安全衛生法**」は、かつては労基法の一節だったのです。それがいまでは、それぞれ独立した法律へと成長してきたわけです。また、仕事上や通勤による労働者の病気やケガなどの補償についての「**労災保険法**」には災害補償の詳細が委ねられています。

そして、派遣法や均等法、パート労働法などは比較的新しい法律ではありますが、労基法とは密接な関係をもっています。

このように労基法は、時とともに姿を変えながらも、常に職場の中心にあって労働者保護を図っているのです。

労基法にはこんな"家族"がいる

労働三法

- 労働基準法
- 労働組合法
- 労働関係調整法

労基法の一節を発展させた法律

最低賃金法

地域別と産業別（特定）の2種類の最低賃金を定めており、これを下回る賃金は違法となる

労働安全衛生法

職場の安全確保や衛生基準を定め、災害防止などを目的にしている

労災保険法

仕事中や通勤中のケガや病気、死亡などについて保険給付を行う

労基法を取り巻く法律

パート労働法 (パート・有期労働法)	パートタイマー・有期雇用労働者の雇用条件の確保を図る
男女雇用機会均等法	職業生活での男女差別を禁止する
労働者派遣法	派遣労働者の労働条件を整備
育児・介護休業法	休業制度に加えて、労働時間の短縮措置なども
職業安定法	就業機会の確保とともに、中間搾取などを防ぐ
職業能力開発促進法	職業に必要な能力開発・向上を支援

8 法律全体のイメージをつかんでおこう

入社から退職までのルールがここにある

労基法の本条文は第一条から第一二一条まで。これが一三章一四項目に分けられているわけですが、ここまでに述べてきた基本的性格は第一章の「総則」に盛り込まれているものです。具体的な労働条件についての細目は第二章以下に定められているわけですが、ここでは全体像を把握しておくことにしましょう。そうすることで、労基法がどのような法律なのかというイメージが浮き立ってくるはずです。

全一四項目中、主な項目をあげると、「労働契約」、「賃金」、「労働時間、休憩、休日、年次有給休暇」、「安全及び衛生」、「年少者」、「妊産婦等」、「災害補償」、「就業規則」になるでしょうか。このうち安全・衛生は「安衛法」として独立、災害補償の詳細は「労災保険法」に委ねられていますので、その他六つの項目が労基法の中核を担っているといってもよいでしょう。

採用に始まり賃金や労働時間といった根本的な労働条件、解雇・退職の基本ルールなど、職業生活を律する基準がこの六つの項目に集約されているわけです。

労基法の構成はこうなっている

項目	概要
1章 総則	法律としての基本的性格を示すとともに、各種用語を定義
2章 労働契約	契約に定めるべき事項、期間の長さ、解雇ルールや制限など
3章 賃金	賃金の支払ルールなど
4章 労働時間、休憩、休日、年次有給休暇	労働時間の上限、休憩・休日の長さ、与えかたなど
5章 安全及び衛生	削除。安衛法として独立
6章 年少者	労働者の最低年齢や、就業制限など
6章の2 妊産婦等	危険有害業務への就業制限、母性保護のための休業・休暇制度についてなど
7章 技能者の養成	見習い、研修中の者に対する特例など
8章 災害補償	業務上災害に対する補償の基本および業務上疾病の種類など。詳細は労災保険法に従う
9章 就業規則	記載内容、作成方法、効力についてなど
10章 寄宿舎	会社付属の寄宿舎（寮）の設備基準や運営ルールについてなど
11章 監督機関	行政組織のしくみ、および労基署（員）の使命と権限についてなど
12章 雑則	法律の履行に必要なさまざまな細目など
13章 罰則	違反内容に応じた罰則を規定。懲役刑（最高10年）と罰金刑（最高300万円）とがある。

9 知識をさらに深めるには

詳細を補足するさまざまな命令がある

職業生活にはさまざまな法律が関係してきますが、法律とは単独で存在しているものではなく、「政令」や「省令」などの法令や「告示」「通達」などの通知や指示により補足されています。「政令」は内閣の命令であり、法律より具体的な内容で、法律のきまりを細かい部分にわたって実施するために閣議で決定されます。労災保険法や安衛法などにみられる「施行令」も政令です。「省令」は、各省大臣による命令で、さらに具体的な運用基準が示されています。労基法の場合は厚生労働大臣の命令です。これらの「政令」や「省令」に目を通しておかないと具体的な対応ができないことが多いので注意が必要です。

また「告示」「通達」といった言葉に出会うことがあります。これらは、法令とは区別されますが、行政機関が決定した事項を一般に知らせたり、統一的な行政を行うために上級行政機関から下級機関へ法令の解釈や運用方針、権限行使のあり方を伝えるものです。法の適用を知るために関係実務に携わる「告示」「通達」の理解も欠かせませんし、どれ一つとして軽視することはできません。

さまざまな命令が法律を補足している

大枠 → 詳細

法律　国会の決議による

労働基準法
労働条件は、労働者が人たるに値する生活を営むための必要を充たすものでなければならない（第1条第1項）

政令　閣議で決定された命令

労働基準法第37条第1項の時間外及び休日の割増賃金に係る率の最低限度を定める政令
（一つの例だが、これが時間外労働25%、休日労働35%の割増率を決めている）

省令　各省大臣の命令

労基法施行規則
使用者が法第15条第1項前段の規定により労働者に対して明示しなければならない労働条件は、次に掲げるものとする（第5条）〈以下略〉
（契約締結時に明示すべき項目、その方法を定めている）

告示　政府・各省の通知

有期労働契約の締結、更新及び雇止めに関する基準（平成15年厚生労働省告示第357号）
（有期労働契約の運用にあたっての基準を示している。「指針」、「基準」などの名称が用いられることもある）

通達　上級機関が行う所管機関・職員に対する指示。法令の解釈、運用や行政執行の方針に関するものが多い

例：賃金不払残業の解消を図るために講ずべき措置等に関する指針について（平成15年5月23日　基発第0523004号）
（各都道府県の労働局長あてに、いわゆるサービス残業の解消に向けた取組みを指示している）

10 労働契約自体の基本ルールは労働契約法にある

会社と労働者双方の権利・義務が示されている

労基法が重要な法律ということはこれまで記したとおりですが、職場のトラブルはそれだけでは解決できません。契約社員、嘱託、パート、アルバイトなど就業形態が多様化し、労働条件が個別に決定・変更されるケースではなおさらです。

そこで、民事上の基本ルールを示す新たな法律として**労働契約法**が制定され、二〇〇八年三月に施行されました。労働契約は労使が対等の立場で合意して結ぶべきものであることなど、労働契約の締結や変更・終了、有期労働契約を結ぶ場合についての権利・義務の関係を明らかにしています。

職場の民事的なトラブルはこれまで、主に裁判を通じて解決が図られてきましたが、その裁判の積み重ねによって確立した基準（判例）を集約したものです。労働契約法は、強行法規の労基法とは異なり、罰則や労働基準監督官による取締りはありませんが、違反した場合はその部分が無効になりますし、万一裁判となれば**根拠として主張できる**ものなのです。

労基法と労働契約法の違い

労基法	労働契約法
■労働者保護を目的としている	■労使当事者の自主的な決定を促進するためのルールを整備
■強行法規 ●労働条件の最低基準を定め、使用者に強制している ●労働基準監督官の臨検等による監督指導がある	■民事法 ●労働契約の権利義務の関係を法に明記 ●裁判などでの根拠になる
■採用後の労働条件について定めている	■労働契約そのものについての原則を定めている
■罰則がある ●違反した使用者には懲役刑（最高10年）と罰金刑（最高300万円）が	■罰則はない ●違反した場合、違反した部分が無効となる

COLUMN

ヒトコト労働法 ①　労災保険法

　仕事上の理由または通勤による労働者のケガや病気、障害あるいは死亡などは労働災害として、特別な保険給付を受けることができます。

　この保険についての細目を定めたものが労働者災害補償保険法（労災保険法）で、保険の適用関係や補償給付の内容および申請方法などが盛り込まれています。

　労災保険でぜひ覚えておきたいのは、労働者が一人でもいる企業には強制的に適用されること、そして労働者すべてが自動的に保険の対象になること、の二つです。仮に会社が労災保険加入手続きをしていなくても、万一仕事中にケガをすれば労災保険の対象になりますし、パートタイマーやアルバイトも当然のこととして給付が受けられます。また、労災保険の保険料は使用者の全額負担となっていることも特徴の一つです。

　ところで、労災補償というのは本来、労基法に基づいた使用者の義務とされているものです。労災となる疾病の種類や、療養費の負担義務が労基法に定められているのはそのためです。

　しかし、労災保険適用事業である場合には、労災保険法の休業補償給付が支給されない休業最初の三日間を除き、労基法の義務が免除されるというしくみになっているのです。

パート2 応募から入社までの基礎知識

雇用関係は入社前にも
認められることがある。
採用が決まったら…
実際に仕事が始まったら…
なにごとも最初の対応が肝心。

1 門戸は誰にでも平等に開かれている

就業の機会均等が保障されている

労基法が定めているのは労働契約に基づく労働条件、いいかえれば実際に働きはじめてからの労働条件ですから、その前段階である募集・採用について規制するものではありません。ですから、どのような人をどのような形で採用するかは、原則として会社が自由に決められます。

とはいえ、人材の募集や採用方法については、職業安定法（職安法）がルールを定めています。職安法の基本精神は、**就業の機会はあらゆる人に均等に保障される**ということにあります。そのため、たとえば就職のあっせんを業とするには許可が必要ですし、募集広告には正確さが求められます。

また、**男女別の取扱い**は均等法が禁止しているところでもあります。すなわち、募集対象の性別を限定したり、募集人数に男女差を設けることは禁じられているわけです。

そして昨今では、**年齢差別**をなくすことも求められています。つまり、募集および採用について年齢にかかわりなく均等な機会を与える、ということです。

就業の機会均等は誰にでも保障されている

職安法（第3条）

何人も、人種、国籍、信条、性別、社会的身分、門地、従前の職業、労働組合の組合員であること等を理由として、職業紹介、職業指導等について、差別的取扱を受けることがない

均等法（第5条）

事業主は、労働者の募集及び採用について、その性別にかかわりなく均等な機会を与えなければならない

労働施策総合推進法（第9条）

事業主は、労働者がその有する能力を有効に発揮するために必要であると認められるとき…（中略）…は、労働者の募集及び採用について、…（中略）…その年齢にかかわりなく均等な機会を与えなければならない

年齢制限についてのポイント

一定年齢層を排除する場合だけでなく、募集対象を特定の年齢層に絞ることも禁止されている。つまり、募集対象を20歳台だけ、もしくは50歳以上などと限定してはいけない。

2 面接試験にも法律の規制がある
こんな質問には要注意

募集・採用における男女差別は、均等法で禁止されているところですから、「営業マン募集」、「セールスレディ急募」などの性別による募集制限が許されないのはもちろん、採用試験においても**男女同一の方法・基準**が適用されなければなりません（均等法第五条）。

たとえば、採用試験日が男女で異なる、学科試験の内容が男女で違う、女性にだけ適性試験を実施する、などです。特に、面接時の質問内容については、男女による違いが大きいようですが、いずれも違法行為となります。

また、職務上必要もないのに身長・体重・体力を募集条件にすることや、総合職の募集・採用に際して、広域にわたって展開する支社がないのに全国転勤ができることを条件にすることは、**間接差別**として禁止されています。

なお、性別を理由とする差別を禁止する規定に違反した事業主に対しては、厚生労働大臣が勧告を行い、勧告に従わないときは企業名の公表もあるとしています（均等法第三〇条）。

採用試験での男女差別を見極める

―大原則―
性別によって取扱いを変えてはならない

採用過程
- 会社説明会は男女を対象として同一日に行う
- 試験日、試験科目は男女同一のものとする
- 男女別の選考基準を設けてはならない

面接試験
- 質問内容は仕事に直接関係することかどうか
- 男女に同じ質問をしてもその回答の評価が男女で異なれば違法

差別的質問の例
- 女性には「結婚後も働きますか」と尋ねる
- 女性には「恋人はいますか」と尋ねる
- 女性には「残業はできますか」と尋ねる
- 男性だけに「海外転勤はできますか」と尋ねる　など

↓

不愉快な質問に答える必要はない

3 男女別、年齢制限は例外的な場合だけ許される

合理的な必要性のある場合が決められている

このように、募集・採用には機会の均等が確保されていなければなりません。男女別、年齢制限が認められるのは、次ページにまとめたようにごく限られた例外だけです。

まず、男女別の募集・採用が認められるのは、モデルや歌手など芸術・芸能分野で表現の真実性が必要な職務や、女子更衣室の係員など風紀上の必要性がある職務など六種類です。

また、年齢制限が認められるのは、六〇歳定年の会社が六〇歳未満の者を募集・採用する場合や、技能・ノウハウの継承のために特定の職種・年齢層（上下の年齢層と比較して労働者数が半分以下の層）に限定して募集・採用する場合など六種類です。

このような**合理的な必要性**がないのに、一般事務職として三〇歳以下の者を募集したり、面接で一方の性に差別的な質問をすることは許されないのです。

就職活動は会社が労働者を選ぶだけでなく、労働者の側からも会社を選ぶ機会です。就業の機会均等が守られているかを見極めることは、会社を選ぶ際の判断基準にもなるのです。

例外として認められる場合

男女別の募集・採用

女性が少ない職場での女性優遇 (ポジティブ・アクション)	女性が4割に達するまで女性を優先して採用する
芸術・芸能の分野で 表現の真実性が必要な職務	男性モデル、女優、 バリトン歌手など
防犯上、男性であることが必要な職務	守衛、警備員、 現金輸送車のガードマンなど
宗教上、風紀上、スポーツ競技の性質上など、業務の性質上男女いずれかのみに従事させる必要性がある職務	神父、巫女、女子更衣室の係員、実業団の水泳選手、ホステスなど
労基法の規定により 女性が就業できない場合、 保健師助産師看護師法の規定により 男性が就業できない場合	(年少者の深夜業、坑内業務の就業制限、危険有害業務の就業制限)→女性は不可 (助産師)→男性は不可
風俗・風習が異なり男女いずれかが 能力を発揮しがたい海外勤務の場合など	きわめて治安の悪い海外での勤務など

年齢を制限した募集・採用

＊は期間の定めのない契約であること

定年年齢未満の労働者を対象とする場合＊	60歳未満の方を募集(60歳定年)
法令により 年齢制限が設けられている場合	18歳以上の方を募集 (労基法第62条の危険有害業務)
長期勤続によるキャリア形成を図るため、 若年者等を対象とする場合＊	35歳未満の方を募集 (職務経験不問)
技能・ノウハウの継承のため、 特定の職種において 労働者数が相当程度少ない 特定の年齢層に限定する場合＊	電気通信技術者として30歳代の方を募集(当社の電気通信技術者は20歳代が10人、30歳代が2人、40歳代が8人)
芸術・芸能の分野で 表現の真実性が必要な場合	演劇の子役のため、○歳以下の方を募集
60歳以上または特定の年齢層の雇用を 促進する国の施策の対象者に 限定する場合	(特定求職者雇用開発助成金の対象者として)60歳以上65歳未満の方を募集

4 採用内定を受け取ったら

働く前でも雇用関係が成立する

新卒者の採用では、入社に先だって内定を通知するのが普通ですが、その法的性格を考えてみましょう。これには①**労働契約締結の予約**、②**労働契約の成立**、という二面性があります。

もし、内定通知に出社日や採用地の具体的な指示などがあれば、**労働契約としての要素**が強まります。つまり、いまだ労働の提供がないにしても、内定通知によって雇用関係が成立したとみなされるわけです。この場合、内定取消しは労働契約の解除、すなわち解雇にあたるため、**合理的な理由**があることが大前提となります。一方、労働契約締結の予約とみなされる内定通知でも、取消しがまったく自由なわけではありません。採用を確信した学生がその後の就職活動をしていなければ、内定取消しによって就職の機会は著しく閉ざされてしまうからです。

そこで、内定取消しを防止するため、職業安定法施行規則が改正されています。新卒者の内定取消しが行われる場合は、その企業に対して十分な理由の説明、新たな就職の支援、補償等を求めることができます。

内定通知には2つの意味がある

労働契約締結の予約

↓

内定取消しにはある程度の自由が認められるが、内定者から損害賠償を請求される可能性もある

労働契約の成立

↓

内定取消しは解雇と同じ意味になるため、合理的な理由（卒業できなかった、など）が必要になる

労働契約の成立と認められるのはこんな場合

- 赴任地・出社日を特定している
- 職務内容、配属先を示唆した
- 他社への就職活動をしない旨の誓約書をとった
- 入社前研修に参加させている　など

これらの要素が増えれば増えるほど
労働契約成立の可能性が高くなる

5 労働条件は書面で交付してもらう

契約そのものは口頭でも効力が生まれる

労働契約の本質を簡単にまとめると、仕事と賃金の交換を約束するものといえましょう。民法ではこれを**雇用契約**といい、その効力は口頭での合意でも認められることになっています。つまり、「雇いましょう」「働きましょう」という会話も立派な法律行為になるのです。

労基法が労働契約の締結方法について定めていないのもそのためで、**両者の合意**があればその時点で契約が成立すると労働契約法でも謳っています（同法第六条）。

しかし、実際の労働条件は複雑多岐にわたりますから、口約束では後々にトラブルの発生が容易に予想できます。そのため、契約期間や賃金など、根本的な労働条件については書面で明示することが義務づけられています（第一五条）。使用者が明示すべき労働条件は次ページのとおりで、このうち⑦から⑭までの事項については、定めがある場合に明示することとされています。なお、パートやアルバイトとして働く場合も、同様の労働条件を明示した「**労働条件通知書（雇入通知書）**」の交付が義務づけられています（パート労働法、214ページ）。

労働契約を結ぶ場合の注意

―― 労働契約の大原則 ――

労基法違反部分の契約は無効
その部分には労基法の基準が適用される
（第13条）

使用者が明示すべき労働条件

書面明示が義務
- ❶ 労働契約の期間
- ❷ 就業の場所と業務内容
- ❸ 労働時間・休日・休暇など
- ❹ 賃金の決定・計算・支払方法・支払日など
- ❺ 退職に関する事項、解雇事由

明示
- ❻ 昇給

定めがある場合には明示
- ⑦ 退職金規定
- ⑧ 臨時に支払われる賃金
- ⑨ 労働者の負担金
- ⑩ 安全および衛生
- ⑪ 職業訓練に関する事項
- ⑫ 災害補償など
- ⑬ 表彰と制裁
- ⑭ 休職制度

このうち❶〜❺については、書面明示が義務。
⑦以下は、定めがある場合には明示することとされている

6 労働契約の長さには上限がある

通算五年を超えたら無期労働契約に転換

期間を定めた労働契約のことを**有期労働契約**といいますが、有期労働契約を結ぶ場合は、その長さに注意しなければなりません。というのは、長期間におよぶ労働契約は、労働者の**職業選択の自由**をせばめ、不当な拘束につながりかねないからです。

契約期間の上限は三年で、高度な専門的知識を有する者など一定の労働者については五年まで認められます（第一四条）。

一方で、このような有期労働契約はいわゆる非正規労働者の労働契約に多くみられることから、非正規労働者の増加に伴い、五年を超えて反復更新するケースが非常に多くなってきています。

そこで、二〇一二年に労働契約法が改正され、同一の使用者との間で、有期労働契約が通算で**五年**を超えて反復更新された場合は、労働者が申し込めば、**無期労働契約**に転換することとなりました（労契法第一八条）。

期間を定めた労働契約の注意点

長さについてのルール

①契約期間の上限は原則3年

②一定範囲の労働者については5年まで

- ●高度な専門的知識等を有する労働者
- ●満60歳以上の労働者

③建設現場など、一定期間で事業が完了する場合はその期間（3年以上もあり得る）

☆「高度な専門的知識等を有する労働者」とは

- ●博士号を持つ者
- ●公認会計士・医師・歯科医師・弁護士・一級建築士など12種の資格を持つ者
- ●情報処理技術者で一定の資格試験に合格した者
- ●特許発明の発明者など
- ●科学技術の技術者・システムエンジニア・デザイナーなどに就いている一定の学歴、実務経験、年収のある者

無期労働契約への転換

（労働契約法第18条）

同一の使用者との間で、有期労働契約が通算で5年を超えて反復更新された場合は、労働者の申込みにより、無期労働契約に転換します。

労働者が無期労働契約の申込みをすると、使用者は申込みを承諾したとみなされ、無期労働契約がその時点で成立します。

7 身元保証契約の法律的な意味は？

一定範囲で保証人に損害賠償責任を負わせる

採用決定者に対して、会社が提出を求める書類があります。その内容は就業規則に定められていますが、履歴書や職務経歴書、誓約書、身元保証契約書といったものが一般的でしょう。

履歴書や職務経歴書の説明は必要ないでしょうが、後二者はどのようなものなのでしょうか。

まず**誓約書**ですが、その書式や内容はさまざまで、「会社規則を遵守して業務を遂行します」といったことを文書にするケースがほとんどです。その内容に法律的拘束力はなく、たとえば、労働契約に期間の定めがない場合「退職する際は三カ月前に通知し、会社の許可を得る」と誓ったとしても、実際には従う必要はないのです（186ページ）。

一方、**身元保証契約書**は具体的な行為を義務づけるものです。たとえば採用決定者が会社金品を持ち逃げしたというような場合、保証人が損害賠償責任を果たさなければなりません。

なお、身元保証の内容は幅広く、さらには「将来の損害」を想定しているため、過度の責任が及ばないように「身元保証に関する法律（身元保証法）」による制限があります。

入社時に提出する書類について

誓約書

会社規則の遵守などを誓う文書。提出義務があれば従うしかないが、誓約内容に法律的拘束力はない。損害賠償額の予定（34ページ）や労働組合不加入といった法違反の内容は許されないし、仮に誓約したところで効力はない

身元保証契約書

身元保証契約とは（身元保証法第1条）

採用決定者が会社に損害を与えた場合、賠償することを約束するもの

保証の内容（身元保証法第5条）

具体的な内容は裁判所が決める。

その際、①会社の監督責任・過失、②身元保証契約を締結するにいたった経緯、身元保証するための注意の程度、③労働者の任務または変化などの事情が斟酌される

契約の期間（身元保証法第1条）

原則3年、最長5年。契約更新も5年が限度（身元保証法第2条）

提出を求めてはならない書類

プライバシー権を侵害する書類

必要以上の経歴（犯罪歴など）、本籍、労働組合への加入状況、思想・信条などの情報に関するもの

8 試用期間中に本採用を拒否されたら

解雇にほかならず、正当な理由が必要

新卒採用であれ、中途採用であれ、正社員の採用にあたっては一定期間を**試用期間**とすることが広く行われています。会社はこの期間に本人の社員としての適格性を判断し、その結果正式採用、あるいは**本採用の拒否**という決定を下すことになります。

本採用の拒否は解雇にほかならないのですが、試用期間中のそれは一般の場合に比べて広い範囲内における解雇の自由が認められる（三菱樹脂事件　昭和四八・一二・一二　最大判）と判断されています。

とはいえ解雇である以上、正当・合理的な理由が存在しなければなりません。

具体的には、重大な経歴詐称や職場への適応性、勤務態度など、採用時にはわからず、また、わかっていれば採用しなかっただろう事実が判明した場合などが、試用期間中に認められる特別な解雇理由となります。試用期間が終了したから、というだけで解雇することが認められないのはいうまでもありません。

試用期間の法的意味は？

試用期間	本人の適性や能力、意欲などを実際に観察し、労働者としての適格性を見る期間
期間の長さ	法的には定めがない。1～3 カ月、長くても半年が一般的。業務の特性によっては1年に及ぶこともあり得る
試用期間の根拠	就業規則に定めておくこと
法的性格	解約権留保付きの労働契約（通常よりは広い範囲で解雇が認められる）
試用期間中の労働条件	賃金水準や福利厚生など、社内規定の一部を別枠にすることはあり得る。しかし、労働時間や割増賃金などは労基法の基準を下回ることはできない
本採用の拒否	解雇にあたり、正当な理由が必要。 重大な経歴詐称や著しい能力不足など、採用時にはわからず、わかっていれば採用しなかったような事実が判明した場合が「正当な理由」に含まれる
注意点	試用期間が14日を超えたあとに本採用を拒否する場合には、解雇予告（手当）が必要になる（労基法第20条、21条）

C O L U M N

ヒトコト労働法 ②

労働安全衛生法

万が一の労働災害に対しては労災保険の補償が受けられるわけですが、災害にあわないことのほうがより大切なのはいうまでもありません。

こうした災害の未然防止を目的とした法律が労働安全衛生法(安衛法)です。極めて大事な法律なのですが、専門性が高いために取っつきにくく感じる面は否めません。そこで、安衛法の基本的なしくみをまとめてみましょう。

同法では、使用者に対して安全衛生の管理体制を設けることを義務づけ、組織的な取組みによって職場環境を改善することを求めています。そのうえで職場の特性に応じた具体策を詳細に提示しているのです。

たとえば建設現場ではどのようにして災害を防ぐか、有害物質の取扱いで気をつけることはなにか、機械設備の安全基準をどのように保つか、といった具合です。

いずれも使用者が守るべき安全基準として示されていますが、社員としても法律を遵守して災害防止に協力する義務があることを忘れてはなりません。

たとえば、健康診断を実施するのは使用者の義務ですが、社員には受診の義務があるといった例をあげることができます。

こうしたことを定めているのも、安衛法なのです。

パート3 就業規則をまず確認しよう

会社の独自ルールは就業規則が根拠。
内容に不満でも従わなければならない
反面、法定の基準を超えた労働条件を
保障してもくれる。

1 就業規則とはなんだろう

社内ルールの根幹がここにある

労働条件の最低基準は労基法が定めているわけですが、具体的な始業終業時間や休日の曜日などについてまで触れているわけではありません。このほかどのようなときに昇進するのか、退職金の支給基準は、など、**法律になじまないルール**も数多くあります。

労働条件や服務規律は、原則として会社が決めるものですが、それには一定の基準が求められ、その根拠になるのが就業規則なのです。残業や転勤、懲戒などを含む広い意味での業務命令に強制力が生じるのも、就業規則あってこそのことなのです。その一方、就業規則違反の命令には効力はありませんし、記載事項は社員の権利にもなるという二面性を持っています。

こうした就業規則は、常時一〇人以上の労働者（パート・アルバイトを含む）を使用する事業場では、必ず作成しなければならないことになっています（第八九条）。

したがって企業規模によっては就業規則がなく、社内規程などとしているケースもありますが、法的効力は同様であるため、本書では「就業規則」と総称することにします。

就業規則とはなんだろう

作成義務

常時10人以上の労働者（パート・アルバイトを含む）を使用するあらゆる事業場

基本的性格

社内ルールの大原則
会社の人事権、労働者の服務規律などの基本がすべてここにある

適用が強制される
労使双方に遵守義務があり、権利も義務も就業規則が根拠になる

閲覧の権利がある
労働者（パート・アルバイトを含む）にはいつでも就業規則を見る権利がある

2 記載内容は法律で決められている

いつでも閲覧する権利がある

さて、就業規則の具体的な内容ですが、これには必ず定めなければならない**絶対的記載事項**と、定めがあれば記載しなければならない**相対的記載事項**とがあります。

絶対的記載事項というのは、ひとつとして欠かすことが許されない項目のことで、二〇〇三年の改正法では「解雇の事由」が加えられました。法条文ではその詳細についてまでは触れていませんが、解雇ルールの明確化を目的としていることを考えると、解雇の種類やその基準、解雇にいたるまでの手続きを具体的に定めておく必要があります。

なお、就業規則は作成すればそれでいいというものではなく、労基署に届け出ること（則第四九条）と、労働者に周知することが義務づけられています（第一〇六条）。逆にいうと、労働者にはいつでも就業規則の閲覧を要求できる権利があるということです。

また、就業規則の効力が発生するのは、労働者への周知以降と解されています。労基署への届出は効力発生に直接の関係はありません。

就業規則に記載されているもの

絶対的記載事項

1	●始業および終業時刻（変形労働時間、フレックスタイム、交替勤務を採用するときはその内容） ●休憩時間（休憩時間の長さ、与え方） ●休日（休日の日数、与え方） ●休暇（有給休暇、特別休暇、産前産後の休暇）
2	●賃金（決定の基準、計算および支払い方法、締切りおよび支払いの時期、昇給など）
3	●退職に関する事項（解雇の事由を含む）

相対的記載事項

●退職手当（適用労働者の範囲、退職手当の決定、計算、支払い方法、支払時期）

●賞与など臨時の賃金、最低賃金額

●労働者が負担すべき費用（作業用品・食費など）

●安全衛生

●職業訓練

●災害補償および業務外の傷病扶助

●表彰および制裁

●その他、その事業場の労働者のすべてに適用される事項

3 就業規則が変更されたら

不利益変更には合理的な理由が必要

労働条件や人事権に効力を与えるのが就業規則であることはすでに述べました。また、就業規則違反の労働契約が無効であることも法律が保障しています（労契法第一二条）。

では就業規則を変更した場合はどうでしょうか。労働条件や人事権の根拠である就業規則自体を変えれば、労働条件や業務命令の範囲も自ずと変わります。就業規則は労使で合意して変更するのが原則ですが、合意がなくても使用者が変更することは可能です（74ページ）。ただしそれは、就業規則の変更に**合理的な理由**があることが条件になります。就業規則の変更が問題になるのは、労働時間の延長や賃金切り下げなど労働条件が低下する場合ですが、その改正に合理性があれば、内容に反対であろうとも、従わざるを得ないというのがルール化されています（労契法第一〇条）。

逆にいうと、労働者の合意も合理的な理由もなく就業規則が一方的に変更され、労働条件が不利益に変更される場合には、その命令に従う必要はないということです。

就業規則の変更による不利益変更の有効性

労働契約法

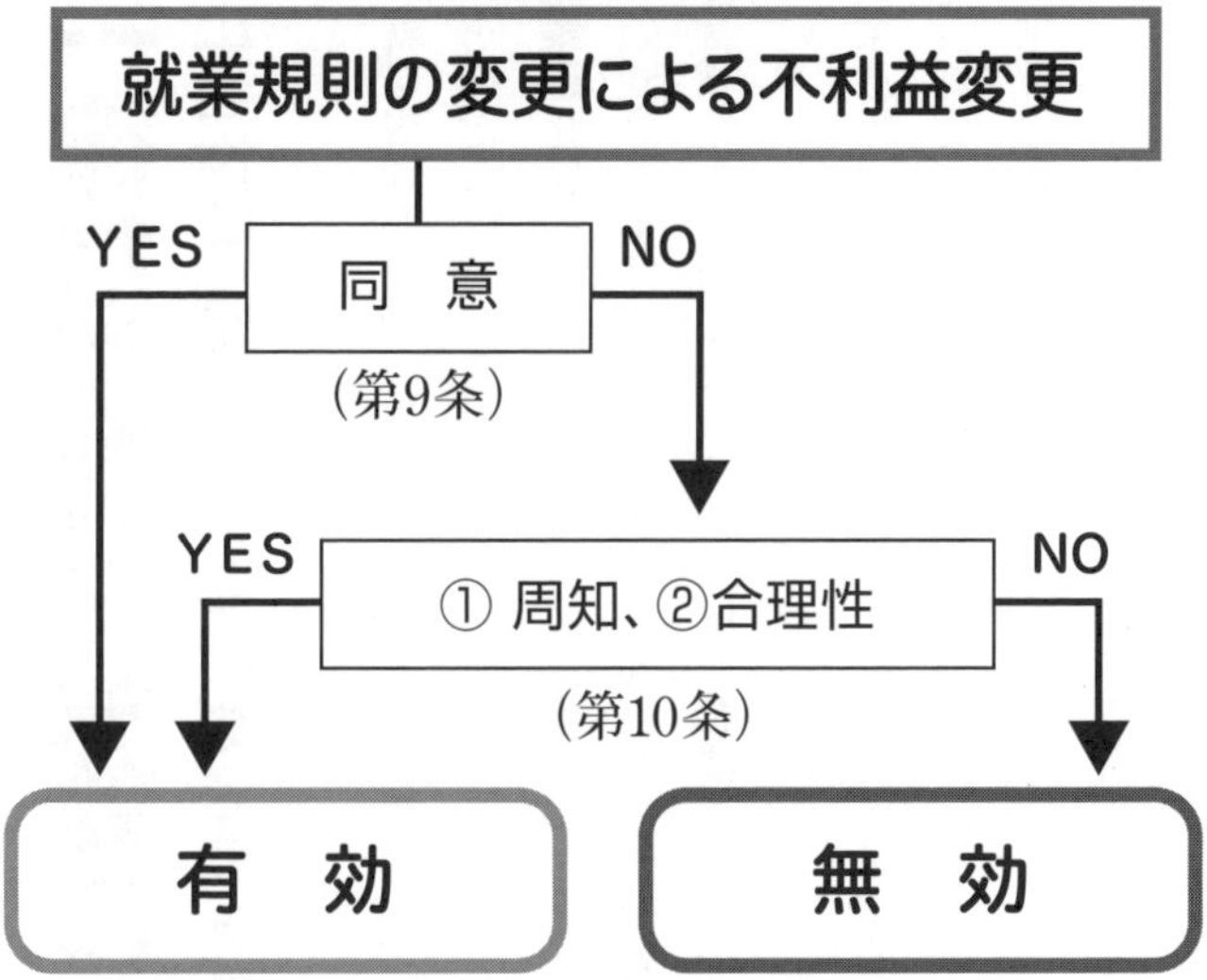

合理性の判断基準

- 労働者の受ける不利益の程度
- 労働条件の変更の必要性
- 変更後の就業規則の内容の相当性
- 労働組合等との交渉の状況
- その他の就業規則に係る事情

4　一律な規制は無効になることもある

正当性は個別状況も含めて考える

法令違反の就業規則が無効になるのはもちろんですが、合法な規定でも、事情によっては必ずしも拘束力を持たないという場合があります。

たとえば**競業避止特約**という契約を考えてみましょう。この契約は就業規則への記載とともに個別労働者の同意が条件になりますが、同業他社への就職を禁止するというものです。

つまり、再就職先が制限されたり、違反すれば退職金の不支給などのペナルティが課されることもあるということですが、無制限に適用されるわけではありません。

なぜなら職業選択の自由は憲法で保障されている基本的な権利ですから、この特約にも自ずと制限が加えられます。競業避止特約の効力は、競業避止特約の期間、勤務地・職種の特定、本人の職歴・地位などを総合的にみて判断されます。

このほかアルバイトの禁止など、規定自体は合理的であっても、一律に規制できるものではない項目も少なくありません。

事情により拘束力が変わる規定もある

競業避止特約

■判断ポイント

制限の期間、場所・職種の範囲、
本人の職歴・地位、代償措置の有無など

合理的であれば拘束され、制裁（損害賠償請求・退職金不支給など）もあり得る

アルバイトの禁止

■判断ポイント

アルバイトの内容、本業・職場への影響、
労働者の役職など

その他

●容姿、服装など

安全確保に必要なユニフォームなどは強制できる。
髪型・メークは業務内容と社会通念に応じて判断

5 パート・アルバイトと就業規則の関係

自分に適用されるものを確認しておく

昨今の職場では、いわゆる正社員に加えて派遣社員や契約社員、パートタイマーなど、さまざまな雇用契約を結んでいる人が同時に働いています。

それぞれの労働条件は異なるのが普通ですから、雇用形態の多様化が進むにしたがって、**複数の就業規則**を備える会社も増えてきました。本則は一本化し、各項目について「ただしパートタイマーには別途規則を適用する」といった定めかたをしている場合もあります。正社員用の就業規則にしても、賃金規程や退職金規程などは別規則にすることは珍しくありません。

パートと正社員とでは、労働時間や休日・休暇、賃金の決めかたなどに差があることが多いので、自分にはどの規定が適用されるのかを確認しておきたいものです。もし別規則がない場合には、原則として本則が適用されます。

派遣社員には派遣先の就業規則が適用されるわけではありませんが、社内施設の利用方法などを明示する会社もありますから、自分たちに適用される規定には目を通しておきましょう。

複数の就業規則に対応する

社内規程の大原則。人事異動のルールや服務規律、懲戒など、全社員に包括的に適用される

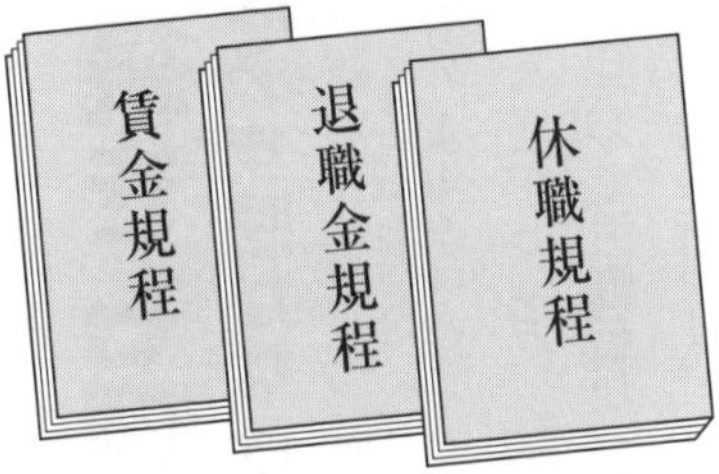

本条文に詳細な説明が必要だったり、頻繁に改定されるような項目は別規則とされることが多い

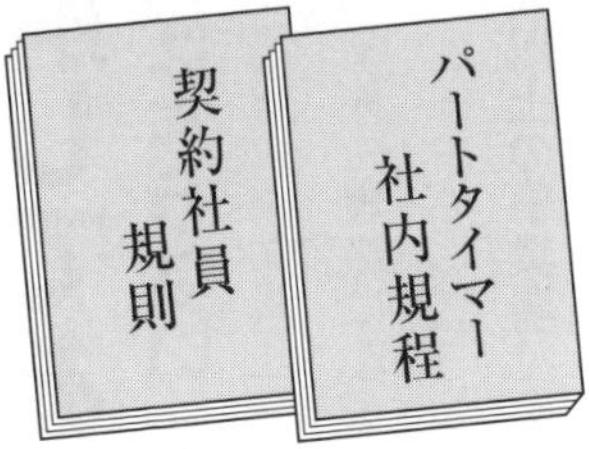

正社員と異なる労働条件は、それぞれ別規則に定められていることが多い

自分が適用される
就業規則を確認しよう！

6 作成の手続きも理解しておこう

労働者の意見は必ず聴かなければならない

就業規則の作成義務は使用者にありますが、自らの労働条件の規範になるものですから、その手続き方法についても知っておくべきでしょう。

まず、作成義務が生じるのは常態として**労働者が一〇人以上の事業場**ですが、この人数の中にはパートタイマーや契約社員なども含まれます。

そして、作成または改定にあたっては労働者の**過半数代表者**（次ページ参照）の意見を聴き、その意見書を添付して労基署長へ届け出ることになっています（第九〇条・則第四九条）。

就業規則は事業場ごとに作成・届出をすることが原則です。支店や営業所などが複数ある場合には、それぞれの就業規則が同一の内容であることなど一定の要件を満たせば、本社で一括して作成・届出をすることができます。

なお、労働者の意見はあくまでも「意見」として添付されますので同意を得るとか、協議をするということまでは要求されませんが、この「意見」は十分に尊重されるべきものでしょう。

就業規則の作成・改定手続き

会社
就業規則（改定）案を提示

→

過半数代表者
意見書を提出

→

会社
意見書を添付して労基署長に届出

- 代表者の署名または記名押印したもの
- パート用などの別規則を作成する場合、パートなどの代表者の意見も聴くように努める

参考

労働者「10人以上」の考えかた

正社員・パート・契約社員などすべて含む。
ときには10人未満になることはあっても、常態として10人以上であるなら該当する

☆過半数代表者とは

労働者の半数以上が加入する労働組合、そのような労働組合がない場合は労働者の過半数を代表する者。後者の場合、「管理・監督者」ではないこと、公正な手段で選出されたこと、使用者の意向で選出された者でないこと（則第6条の2）が条件となる

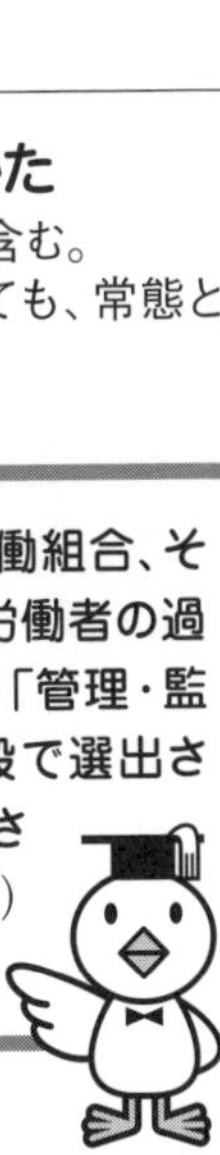

7 就業規則を上回る契約もある

労働協約なら、効力はより強い

就業規則と同様に、労働者が拘束を受けるものに**労使協定**と**労働協約**があります。

労使協定というのは、労使間の約束事と考えてかまいません。賃金からの控除や残業など、労基法ではこの協定を条件とする制度が一四種類あり、これらの制度を行うには、労使協定に加え、就業規則などの根拠が必要になります。

一方、労働組合法を根拠とする労働協約は、どんなときに結ぶかについての制限はありません。というのは、労働協約は使用者と労働組合が対等な立場で労働条件向上について話し合い、その合意を契約内容とするものだからです。したがって労働時間短縮や特別休暇など、従来の水準を上回る労働条件の設定が主な目的となり、協約が結ばれれば、その効力は就業規則よりも強くなります。

このほか、個々人の労働条件を定めるものとして**労働契約**があります。雇用期間や職種・賃金など、就業規則や協定・協約の範囲内で、他人とは異なる契約内容を結ぶことができます。

なお、いずれの場合でも法律違反の労働条件が認められないのはいうまでもありません。

労使協定などへの理解を深める

労使協定が条件となる労基法の制度

●社内預金制度（第18条）　●賃金からの控除（第24条）
●1カ月単位の変形労働時間制（第32条の2）
※就業規則などに定めることでも採用可
●フレックスタイム制（第32条の3）
●1年単位の変形労働時間制（第32条の4）
●1週間単位の変形労働時間制（第32条の5）
●一斉休憩の適用除外（第34条）　●時間外・休日労働協定（第36条）
●60時間超時間外労働の代替休暇（第37条）
●事業場外労働のみなし労働時間制（第38条の2）
※法定労働時間を超える時間を協定する場合
●専門業務型裁量労働時間制（第38条の3）
●年次有給休暇の計画的付与（第39条）
●年休日の賃金算定（標準報酬日額）（第39条）
●年次有給休暇の時間単位付与（第39条）

労働協約が条件となる労基法の制度

●賃金の通貨以外のものでの支払い（第24条）
例：通勤定期券の現物支給

労使協定と労働協約の違い

	労使協定	労働協約
根拠法	労働基準法	労働組合法
締結当事者	使用者と労働者の代表者	使用者と労働組合
締結単位	各事業場	任意、自由
締結内容	労基法の規定	全社一括も可 任意、自由
記載事項	労基法の規定	任意、自由
対象労働者	事業場の全社員	当該組合員※

※各事業場で4分の3以上の労働者が対象になれば、その他の同種労働者にも適用される（労組法第17条）

C O L U M N

ヒトコト労働法 ③

最低賃金法

賃金をいくらもらえるかが会社により、また年齢や経験によって異なるのは当然ですが、その最低基準については最低賃金法によって制限が加えられています。その基準には地域別最低賃金と産業別最低賃金（正式名称は特定最低賃金）との二種類があり、労働者の生計費や類似の労働者の賃金、生活保護の水準などを総合的に勘案し改定されることになっています。

最低賃金で気をつけることは二点あります。まずひとつは、原則として、この水準があらゆる企業、労働者に適用されるということ。アルバイトだから、景気が悪いから、といった理由で適用除外になることはあり得ません。

もうひとつはどの最低賃金が適用されるか、です。地域別・産業別（特定）の両方が提示されている場合には額の高いほうが適用され、派遣労働者には派遣先の額が適用されます。

なお、最低賃金の対象となるのは毎月の基本的賃金に限定され、①臨時に支払われる賃金（結婚手当など）、②一カ月を超える期間ごとに支払われる賃金（ボーナスなど）、③時間外労働等に対して支払われる賃金（割増賃金など）、④最低賃金に算入しないことが定められている賃金（精皆勤手当、通勤手当、家族手当）などは含まれません。

パート4 労働時間の基本を押さえる

賃金は労働時間をもとに計算される。
いつまでが労働時間になるのか、
残業とは、休日労働とは…
昨今の弾力的運用方法もあわせ、
労働時間の根本を考える。

1 労働時間とはなにか

使用者の指揮命令下にあるすべての時間をいう

労働時間とはなにか、を考えることは意義深いことです。なぜならその影響は、賃金に直接はねかえってくるからです。

労基法の条文に労働時間の定義はありませんが、一般には「使用者の指揮命令下にある状態」を労働時間として取り扱うことになっています。つまり、実際に手足を使って〝仕事〟をしている状態に限らず、時間的・場所的に業務命令としての拘束を受けていれば労働時間になるわけです。

したがって作業前後の**準備・後始末**や、作業中の待機時間（**手待ち時間**という）はもちろんのこと、**社員研修**や**レクリエーション**など、仕事とはいえないようなものでも、業務命令に基づいて参加が強制されれば、労働時間になります。

その反面、休憩時間は自由利用が保障されているため、労働時間にはなりません。休憩時間についてはパート5で詳しく解説します。

“仕事”をしていなくても労働時間になることがある

判断基準	具体例
指揮命令下にあるか	販売業などで、客が来るのを待っている間（手待ち時間）
業務に関連があるか	制服への着替え・終業後の社内の清掃（準備後始末行為）
参加が強制されているか	全員参加の研修・レクリエーション
考課査定に影響があるか	強制参加のQC（品質管理）活動

※必ずしもすべてが労働時間とみなされるわけではないが、その範囲は意外と広い

2 特別な方法で労働時間を計算することもある

一定時間だけ働いたと「みなされる」場合とは

労働時間の定義がわかれば、一日にどれだけ働いているかの計算は簡単にできます。作業（準備を含む）にとりかかった瞬間から、解放されるまで（後始末を含む）の総計から、休憩時間を引けばよいだけだからです。

しかし、外勤営業マンの仕事などは、すべてに使用者の指揮命令が届くわけではありませんから、厳密な労働時間算定は難しいといえます。

こうした場合には、事業場外労働の**みなし労働時間制**というものが適用され（第三八条の二）、通常の労働時間だけ働いたこととされます。つまり、実際には過不足があるにしろ、所定労働時間を働いたものと「みなす」という制度なのです。

ただし、時間外労働が明らかな場合はその分を加算しなければなりません。また、無線や携帯電話などで常時こまごまと使用者の指示を受ける場合や、管理職とともに外回りするような場合には、労働時間の算定が可能なので、みなし労働時間制が適用されません。

事業場外労働のみなし労働時間制の対象と実際

みなし労働時間制の対象

労働時間の全部または一部について使用者の指揮監督が及ばず、労働時間を算定しがたい場合

↓

みなし労働時間を適用できる

労働時間の算定方法

- **所定労働時間を働いたとみなす**
  ※所定労働時間とは、就業規則などにおいて労働者が契約上労働すべき時間と定められた時間
- **残業が予想される場合は、通常その業務に必要とされる時間を働いたものとみなす**

こんな場合などには適用されない

- まず出社し、外回りを終えたら会社に戻って来るような場合
- グループで外勤を担当し、その中に労働時間を管理する者がいる場合
- 携帯電話などを通じて常時こまごまと使用者の指示を受ける場合

3 法定労働時間の原則を知る

一週四〇時間・一日八時間が原則だ

法定労働時間とは、労基法で定められている労働時間の限度です（第32条）。原則として、**一週四〇時間**、一日については**八時間**となります。仮に、法定労働時間を超える労働時間を労働契約や就業規則で定めた場合は、法定労働時間を超えた部分が無効となります。一方、**所定労働時間**は、法定労働時間の範囲内で会社が自由に定めることができます。

ここでいう一週というのは、就業規則などで特段の定めがない限り、日曜日から土曜日までの一週間をさします（昭和六三・一・一　基発第一号）。

一方、一日というのは必ずしも暦日（午前零時から午後一二時まで）とは限りません。たとえば、夕刻に始まった仕事が引き続いて翌日に及んだ場合には、そのすべてを一日の労働時間（前日の労働時間）として扱うこととされています。

そのため、たとえ翌日が休みになったとしても、継続して行われた労働が八時間を超えれば、残業として所定の扱い（86ページ）が必要になってくるわけです。

1日・1週の考えかた

1日

- 始業終業時間、休憩時間は特定しておくのが原則
- 始業～終業時間マイナス休憩時間が所定労働時間となり、1日8時間を超えてはならない
- 始業9時、終業17時なら、18時までの残業（所定時間外労働）に割増賃金が支払われないこともあり得る。ただし、就業規則には「所定労働時間を超えて働かせることがある」などの規定が必要
- 上記の場合、18時以降の仕事は法定時間外労働となり、三六協定の締結・届出と割増賃金の支払いが義務づけられる

1週

- 原則として日曜日から土曜日までの所定労働時間の総計が40時間を超えてはならない
- 就業規則などに「月曜日から日曜日まで」と定めてあれば、月曜日から日曜日までを1週とする

4 残業や休日出勤には特別な協定が必要

残業時間にも上限が定められている

一週四〇時間・一日八時間という労働時間の上限を超えることができる例外の一つに**三六（サブロク・サンロク）協定**を結んで届け出た場合があります。一般的に**残業**と呼ばれる時間外労働は、ほとんどの人が無条件に受け入れていることでしょうが、法律上は例外的な取扱いなのです。

使用者の残業命令が有効と認められるには、まず就業規則などに「残業を命じることがある」といった項目が必要になります。また、残業命令には業務上の必然性も求められます。

もちろんこれだけでは十分ではなく、過半数代表者（75ページ）との間で、対象業務や時間外労働時間数（あるいは休日労働日数）などについての契約を交わさなければなりません。これが三六協定で、その名前は労基法第三六条に定められていることに由来しています。

なお、三六協定を結んだからといって無制限に時間外労働などが認められるわけではなく、**一カ月四五時間、一年三六〇時間が上限**です（中小企業は二〇二〇年四月から）。

このほか、残業・休日出勤にはその時間相当分の割増賃金（138ページ）が支払われます。

企業が残業させるための条件

- **三六協定を締結していること**
- **労働基準監督署にその三六協定を届け出ていること**
- **労働協約や就業規則で契約上の根拠があること**

◎三六協定で定める事項

①時間外労働・休日労働ができる場合
（具体的事由、業務の種類）
②対象となる労働者の範囲
③労働時間を延長または休日に労働させることができる期間
（対象期間＝1年間）
④対象期間における1日、1カ月および1年のそれぞれの期間について労働時間を延長して労働させることができる時間または労働させることができる休日の日数
⑤協定の有効期間、起算日　等

◎労働時間の延長および休日労働の限度

一定時間	時 間
1カ月	45時間
1年間	360時間

5 上限を超える残業が必要なとき

特別条項付き三六協定が必要

すべての事業で、原則として延長できる労働時間の上限が適用されますが、「特別の事情」がある場合は**特別条項付き三六協定**を結ぶことにより限度時間を超える時間を延長時間とすることができます。

特別条項つき三六協定を結んだとしても、**一年七二〇時間以内**、単月では休日労働を含んで一〇〇時間未満という範囲で定めなくてはいけません。さらに、休日労働時間との合計で、**複数月平均で八〇時間**を超えることはできません。また、月四五時間を超えることができるのは、**年間六カ月**までです。

また、上限を超えて労働する労働者に対し**健康確保措置**を講じ、それを協定に明記することが望ましいとされています（「三六協定で定める時間外労働及び休日労働について留意すべき事項に関する指針」）。健康確保措置には、医師による面接指導、深夜業の回数の制限、勤務間インターバル制度の導入などがあります。

勤務間インターバル制度とは

1日の勤務終了後、翌日の出社までの間に一定以上の休息時間（インターバル）を付与し、労働者の生活時間や睡眠時間を確保する仕組み

例）

始業時間が9：00、終業時間が18：00の会社で
23：00まで残業させた場合
11時間のインターバルを確保するには

↓

翌日の始業時間は、
通常の始業時間9：00を過ぎた10：00から

勤務間インターバル制度は、働き方改革関連法により労働時間等設定改善法を改正し、事業主に前日の終業時刻と翌日の始業時刻との間に一定時間の休息の確保に努めなければならない旨の努力義務を課したもので、2019年4月から実施される。

あくまで努力義務であり強制されるものではないが、三六協定特別条項の「健康確保措置」、また、高度プロフェッショナル制度導入に課される「健康確保措置」にも該当する。助成金の対象ともなる（2018年度）ため、導入を検討する企業も増えている。

6 残業命令にはどこまで強制力があるか

原則としては従わざるを得ないが…

残業や休日出勤はあくまでも例外的な取扱いなのですが、これが合法的に運用されている場合には、原則として労働者は拒否することができません。なぜなら、すでに触れたように就業規則などには強制力があり超過労働命令に服すべき義務が発生し、三六協定によって使用者は法律上の免責（法定労働時間を超えて働かせても罰せられないこと）を得ているからです。

とはいえ、どんな場合でも残業しなければならないわけではありません。まず、一八歳未満の**年少者**には労働時間の特例が適用されません（第六〇条）ので、そもそも時間外労働の命令を出すこと自体が原則として禁じられています。

また、**育児・介護を行う男女労働者**には時間外労働の制限（育児・介護休業法第一七条・第一八条）が適用されますので、これを請求することができる場合もあります。

合法的な残業命令は拒否すれば業務命令違反として懲戒処分の対象になりかねませんが、残業に応じられない家庭の事情があるなど、正当な理由があれば従う必要はありません。

強制力のある残業命令とは

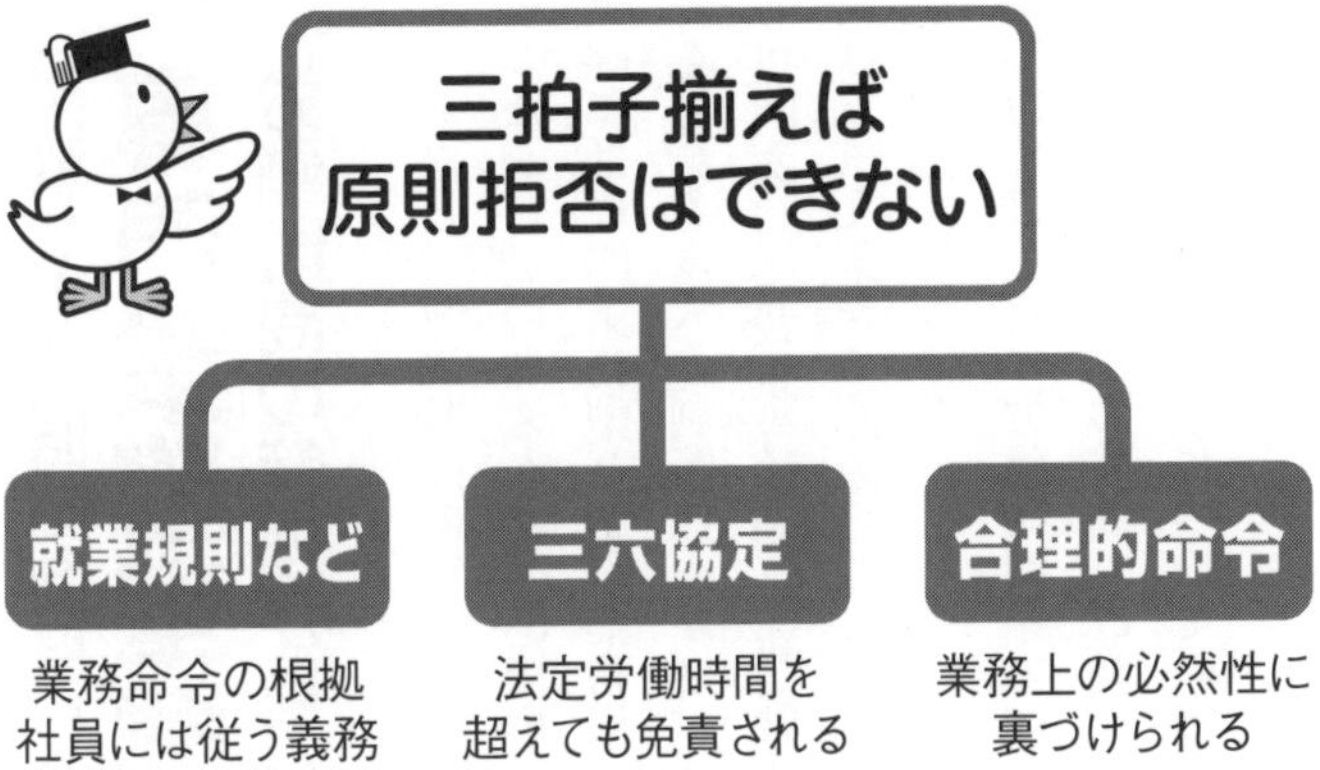

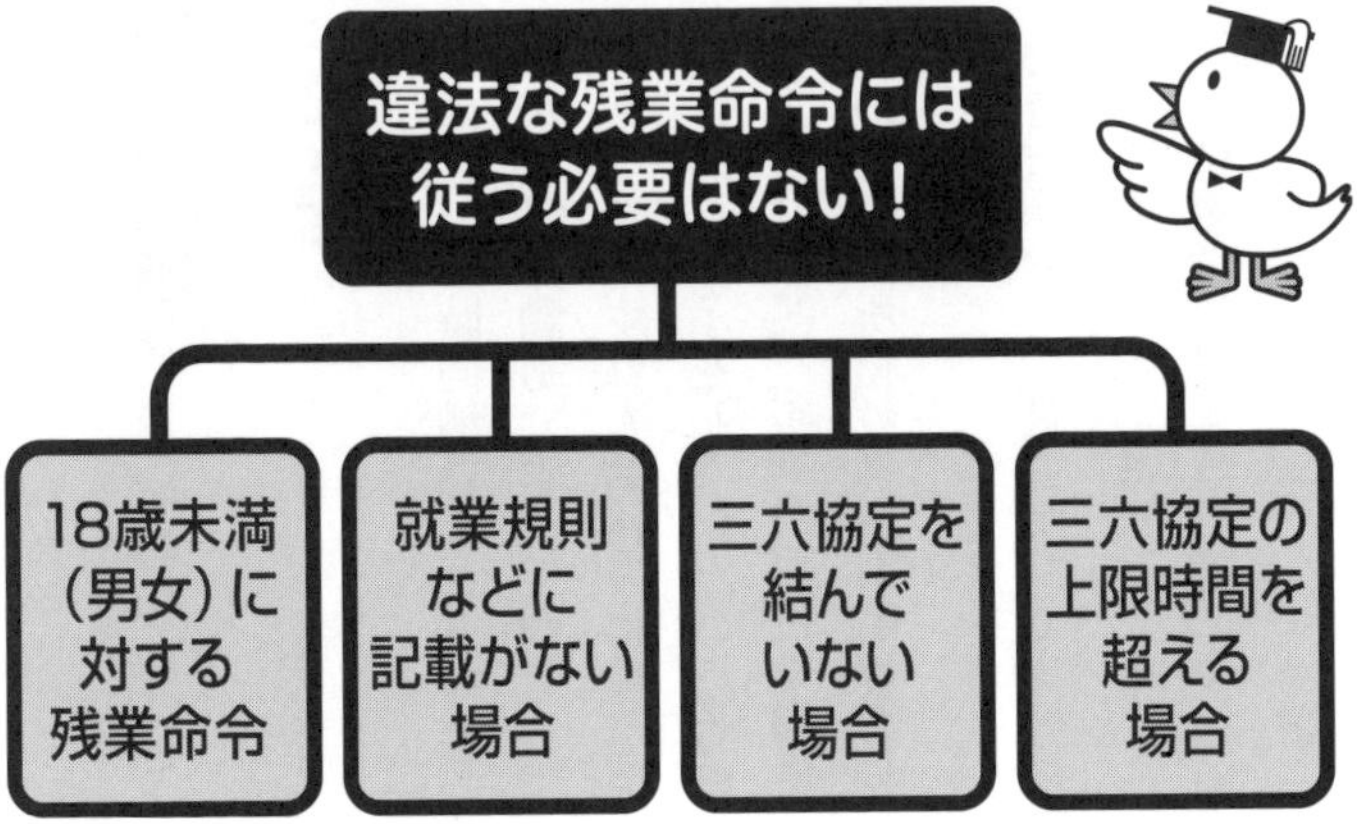

7 専門業務型裁量労働制

柔軟な労働時間制度への対応①

労働時間の管理が自己責任になる

外勤営業マンなど、労働時間の算定が難しい仕事では「一定時間働いたとみなされる」ことは先述しましたが、この考えかたの応用形といえるのが**裁量労働制**です。

裁量労働制には専門業務型と企画業務型の二種類があり、いずれも業務の遂行の手段や時間の配分などを労働者本人の判断にまかせ、使用者が具体的な指示をしないというものです。

このうち専門業務型裁量労働制は新商品や新技術の研究開発、記事の取材や編集など、次ページに掲げる一九業務で認められますが、労使協定の締結と所轄労働基準監督署長への届出が必要です（第三八条の三）。

この労使協定では一定の労働時間を事前に定めておきますので、日によって実労働時間の長短に差があっても、毎日その時間だけ働いたとみなされることになります。

また、労働者の健康と福祉についての確保措置や、苦情処理に対する措置についても協定に盛り込まなくてはなりません。

専門業務型裁量労働制の要件

対象業務

①新商品、新技術の研究開発など
②情報処理システムの分析、設計
③記事、番組制作の取材、編集
④デザイナー
⑤プロデューサー、ディレクター
⑥コピーライター
⑦システムコンサルタント
⑧インテリアコーディネーター
⑨ゲーム用ソフトウエアの創作
⑩証券アナリスト
⑪金融商品の開発
⑫大学における教授研究の業務
⑬公認会計士
⑭弁護士
⑮一級建築士、二級建築士および木造建築士
⑯不動産鑑定士
⑰弁理士
⑱税理士
⑲中小企業診断士

労使協定で定める項目

①対象業務
②1日のみなし労働時間数
③業務の遂行手段・時間配分を本人に委ねること
④労使協定の有効期間（3年以内が望ましい）
⑤健康・福祉を確保するための措置
⑥労働者からの苦情処理に関する措置
⑦⑤、⑥の措置の記録の保存

ポイント

●出退社時間は労働者の判断にまかせられる
●みなし労働時間が8時間を超えていれば、その超えた分は時間外労働となり、割増賃金の支払いが必要となる

8 企画業務型裁量労働制

柔軟な労働時間制度への対応②

労使委員会の決議が必要

裁量労働制のもう一つのタイプは、企画業務型と呼ばれるものです。業務遂行の手順や労働時間管理が労働者本人に委ねられるほか、みなし労働時間を事前に決めておくという基本は専門業務型と共通していますが、対象者や導入要件には若干の違いがあります。

まず対象者ですが、①事業運営の企画・立案・調査・分析を行う者で、②業務遂行の手段および時間配分について使用者の指示を受けないことなどが要件となっています（第三八条の四）。

従来はさらに、本社・本店など、企業全体の中枢部門で働く者、という要件がありましたが、二〇〇三年の改正法により本社などに限定されないことになっています。

この制度を導入するには、労使委員会を設立して対象労働者の範囲やみなし労働時間などについて決議しなければなりませんが、この点についても法改正で規制が緩和されました。

具体的には、労使委員会の決議は委員の五分の四以上の多数の議決で有効になること（従来は全員合意）、労使委員会設置の労基署への届出義務の廃止などです。

企画業務型裁量労働制の要件

対象業務

①事業運営に関する企画、立案、調査および分析の業務
②業務遂行の手段および時間配分の決定等に、使用者が具体的な指示をしないこと　など

労使委員会で決議する事項

①対象業務
②対象労働者
③1日のみなし労働時間数
④労働時間の状況に応じた対象労働者の健康・福祉確保のための措置
⑤対象労働者からの苦情処理に関する措置
⑥対象労働者の同意を得ることおよび不同意者に対する不利益取扱の禁止
⑦決議の有効期間

※④、⑤、⑥に関する労働者ごとの記録は、決議の有効期間とその満了後3年まで保存しなければならない

☆「労使委員会」とは

●賃金・労働時間その他の労働条件に関する事項を調査審議し、事業主に対して意見を述べることを目的とするもの
●使用者および当該事業場の労働者を代表する者で構成され、労使同数
●委員会の議事録が作成され、労働者に周知されていること

9 柔軟な労働時間制度への対応③ フレックスタイム制
働き方改革でより充実

フレックスタイム制というのは、一カ月など一定期間内（清算期間という）の総労働時間を定めておき、**毎日の出退社時間は労働者本人が決定**できるというものです。

この場合でも、一週間当たりの労働時間の上限は四〇時間ですが、一日の労働時間が九時間なり一〇時間となる場合は、他の日の就労時間を短縮して働くことができ、プライベートと仕事とのバランスが取りやすくなります。

フレックスタイム制が認められる要件は、①始業・終業時刻については労働者が決定できる旨を就業規則などに明記する、②労使協定で詳細を定める、の二点です。

二〇一九年四月から、改正労基法により清算期間の上限が従来の一カ月から三カ月に延長されました。これにより、三カ月間で労働時間が法定労働時間（週四〇時間）に収まっていれば良く、より柔軟な働き方ができるようになります。ただし、一カ月を超える清算期間にする場合には、月の労働時間の上限を労使で協定し、労使協定は労基署に届け出る必要があります。

フレックスタイム制のしくみ

労使協定で定めるべき項目

(第32条の3、則第12条の3)

- 対象となる労働者の範囲
- 清算期間(3カ月以内)
- 清算期間内の総労働時間(1週平均40時間以内)
- 標準となる1日の労働時間
- コアタイムやフレキシブルタイムを設ける場合には
  その開始・終了時刻

■フレックスタイム制の時間外労働

清算期間における法定労働時間の総枠を超えた時間

$$\text{清算期間における法定労働時間の総枠} = \text{1週間の法定労働時間} \times \frac{\text{清算期間の暦日数}}{\text{7日}}$$

■フレックスタイム制の例

《清算期間1週間》

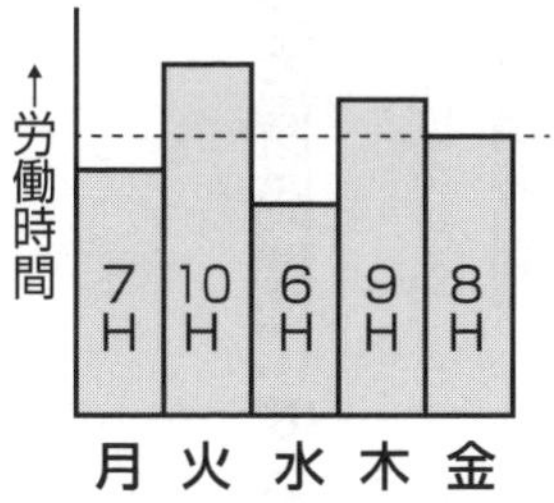

※清算期間1週間の場合では、実労働時間の合計が40時間を超えた時間が残業時間になる

《清算期間3カ月間》

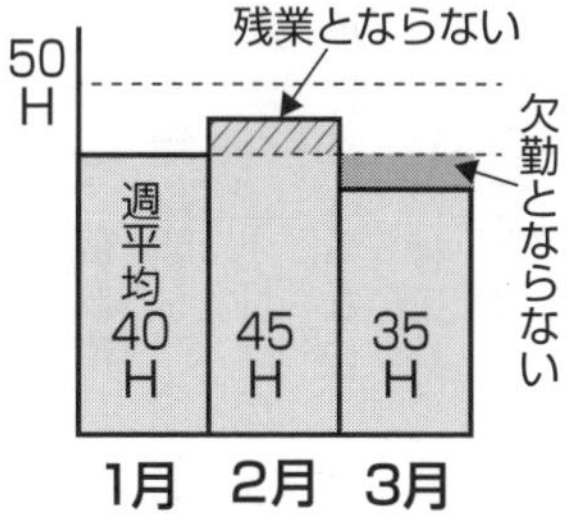

※清算期間3カ月間の場合の割増賃金

【1カ月ごとの支給】

労働時間が1週間あたり50時間を超えた時間数に対し支給される

【3カ月経過時点での支給】

3カ月間の法定労働時間の総枠を超えた時間数に対し支給される。ただし1カ月ごとに支給されたものは除く

10 柔軟な労働時間制度への対応④

変形労働時間制

平均して一週四〇時間以内の労働時間にする

週四〇時間、一日八時間というのは法定労働時間の大原則ですが、三六協定を結ばずにこの上限を超えた労働時間とすることが認められるのが**変形労働時間制**です。

これには一週間、一カ月、一年単位の**三種類**があり、それぞれの適用要件は異なるものの、平均して一週の労働時間は四〇時間以内であることという条件は共通しています。

そこで一週間単位の変形労働時間制を例に説明しましょう。同制度は一定規模以下の小売業や飲食店などに認められるものですが、たとえば土日の労働時間を一〇時間、火・金曜を四時間、水・木曜を六時間などとすることができます。この場合、土日は法定労働時間を超えますが、一週の総労働時間は四〇時間になるため時間外労働にはならない、というわけです。

一カ月単位・一年単位の変形労働時間制の場合は特定の日だけでなく、特定の週に法定労働時間を超えることがあっても、期間内の平均が四〇時間以内であれば時間外労働は発生しないことになります。

3種類の変形労働時間制

1週間単位 （第32条の5）	●小売業、旅館、料理店および飲食店で、常時使用する労働者数が30人未満の事業場が対象 ●1週間の各日の労働時間は、事前に通知する ●1週の労働時間は40時間、1日は10時間を上限とする ●所轄労基署長に労使協定を届け出る
1カ月単位 （第32条の2）	●各週・各日の具体的な労働時間をあらかじめ特定する（労働時間の上限は設けられていない） ●変形期間は1カ月以内とし、2週間・4週間といった単位も可能だが、週平均の労働時間は40時間（特例措置対象事業場の場合は44時間）以内とする ●1週1日もしくは4週4日の休日を確保する ●労使協定または就業規則などに定め所轄労基署長に届け出る
1年単位 （第32条の4）	●変形期間は1カ月超1年以内の任意の期間 ●週平均の労働時間は、特例措置対象事業場であっても40時間以下 ●1週1日の休日を確保し、連続就労の日数は原則6日、1年あたりの就労日数は280日が限度 ●1週の労働時間は52時間、1日は10時間を上限とする ●所轄労基署長に労使協定を届け出る

11 労働時間の規制を受けない労働者もいる

名ばかりの管理職には気をつけよう

週四〇時間労働制には例外規定もあります。その一つが**特例措置対象事業場**に対する取扱いです。商業、映画・演劇業（映画製作事業を除く）、保健衛生業、接客娯楽業のうち、労働者が一〇人未満規模の事業場では、一週四四時間、一日八時間の特例が認められています（第四〇条・則第二五条の二）。

このほか、①農業・水産業に従事する者、②監督管理者、③機密の事務を取扱う者、④監視労働に従事する者、⑤断続的労働に従事する者、⑥宿日直勤務者には労働時間・休憩・休日の規定そのものが適用されません（第四一条）。

このうち、②～⑤については注意が必要です。たとえば監督管理者にあたるかどうかについては、地位や職務内容の実態を検討しなければならず、役職名だけで判断することはできないからです。また、④⑤⑥については、所轄労基署長の許可が条件となります。

なお、①～⑥の労働者であっても、深夜業と年次有給休暇についての規定は適用されます。

週40時間制が適用されない場合もある

特例措置対象事業場

⑧物品の販売、配給、保管もしくは賃貸または理容の事業
⑨映画の製作または映写、演劇その他興行の事業
⑩病者または虚弱者の治療、看護その他保健衛生の事業
⑪旅館、料理店、飲食店、接客業または娯楽場の事業

※○数字は法別表第一に掲げられた事業の号数。なお、⑩のうち、映画製作事業は特例措置の対象とはならない

地位・職務内容による特例

監督管理者	労働条件の決定その他労務管理に関して経営者と一体的な立場にあり、労働時間などに関する規制の適用になじまない者
機密の事務を取り扱う者	経営者や監督管理の地位にある者と一体不可分な関係にあり、労働時間などに関する規制の適用になじまない者
監視労働従事者	門番・守衛・メーター監視など、一定部署にあって常態として心身の緊張度が少ない労働
断続的労働従事者	手待ち作業が実作業時間より長いもの。実働時間が8時間を超えたり、業務内容が危険なものは除く
宿日直勤務者	定時的巡視、文書・電話の収受、非常時に備えての待機などで、常態としてほとんど労働する必要のない場合

12 高度プロフェッショナル制度

業務や年収が限定され、本人の同意が必要

二〇一九年四月から施行される改正労基法では、労働時間の規制を受けない新たな労働者を設ける制度が導入されました。それが**高度プロフェッショナル制度**です（第四一条の二）。

高度プロフェッショナル制度とは、高度な専門的な知識をもち、高い年収を得ている労働者を労働時間規制の対象から外し、自由な働き方で、能力をより一層発揮してもらうという制度です。

反面、労働時間規制の対象から外れることにより、「過労死を助長させる」「残業代ゼロ法案」などという批判も多いところですが、その点で次のような制限を設けています。

①対象者を限定する、②使用者に健康確保措置を講ずることを義務づける、③所定の手続き等の要件

これらの条件が満たされた場合、対象労働者には労働時間、休憩、休日および深夜の割増賃金に関する規定の適用が除外されるという法的効果が生じます。

高度プロフェッショナル制度導入の要件

対象者	●高度の専門知識等を必要とし、従事した時間と成果との関連が高くない業務 金融商品の開発、ディーリング、アナリスト、コンサルタント、研究開発 ●本人の同意（1年ごとに確認） ●高所得者のみ（年収1,075万円以上）
健康確保措置	●年104日以上、かつ、4週4日以上の休日確保 ●次の健康確保措置のいずれかの措置 ①インターバル規制＋深夜業回数の制限 ②1カ月または3カ月の在社時間の上限 ③1年につき1回以上の2週間連続の休暇取得 ④臨時の健康診断（在社時間が一定を超える、または本人の申し出による） ●在社時間が一定時間を超えた労働者に対し、医師による面接指導
手続き	対象者、健康確保措置について、設置した労使委員会の5分の4以上の賛成による決議を得、届け出るとともに、これを作業場に掲示するなど周知したうえで、各労働者から個別の同意を得ること

COLUMN

ヒトコト労働法 ④

職業安定法

労基法をはじめとする労働法が適用されるのは雇用関係が結ばれてからのことですが、その前段階も担当しているのが職業安定法です。

同法の最大の目的は「職業の安定」(第一条)、能力に適合した就職を促進し労働力を充足することにあります。そのため、国の事業として各地域のハローワークを通じて職業紹介を行っているわけです。

もっとも、最近では民間企業に頼った仕事探しの比重も高いことでしょう。その中には職業紹介やあっせん、インターネットや求人誌も含まれます。

こうした企業活動や募集広告についても、職安法は規制をしています。たとえば、就業を無理強いするような職業紹介には懲役・罰金刑(第六三条以下)が設けられています。これは極端な例ですが、民間の職業紹介には許可や届出を必要としたり、募集広告には的確な表示を義務づけるなど、就職活動が公平・公正に運営されるためのルールを定めているわけです。

二〇〇八年一〇月以降、景気の急激な悪化に伴って新卒者の採用内定取消しが相次ぎ社会問題となりました。そのため、職業安定法施行規則が改正され、悪質な企業に対して企業名を公表するなどの対策がとられています。

パート5 休日・休暇は上手に取ろう

単に「働かなくてもいい時間」だけではない。
権利として仕事から
離れられるのが休憩や休暇だ。
良い仕事のため、休憩・休暇を活用しよう。
妊産婦などには特別な保護もある。

1 休憩時間は自由に利用できる

とはいえ、何をしてもいいわけではない

休憩時間というのは、**仕事から離れること**が権利として保障されている時間帯のことです。こうした休憩時間は、一日の労働時間が六時間を超える場合には最低四五分、八時間を超えれば少なくとも一時間が保障されています（第三四条第一項）。

また、休憩時間は労働時間ではないため、**自由利用の原則**が認められています（同条第三項）。したがって、休憩時間に電話対応をしたり、来客対応をした場合は、休憩時間ではなく労働時間となります。

休憩時間の利用方法は、食事や休息、あるいは散歩や読書など、本人が決めればいいことです。

ただし、なにをしてもいいというわけではなく、他人の休憩を妨げたり、事故につながるような危険な行為などが制限されるのは合理的なことといえます。なぜなら事業主には会社施設の管理権とともに**安全配慮義務**があるからです。

休憩時間の基本の基本

長さ	●労働時間が6時間を超えれば最低45分、8時間を超えれば少なくとも1時間以上
原則	●連続することは義務づけられていないので、午前中に15分、昼休みに45分といった分割もあり得る ●労働時間の途中にあること。たとえば、始業午前9時、終業午後6時の場合、午後5時以降を休憩時間とする、という方法は許されない ●パート・アルバイトも含め、一斉に取得できる ●自由に利用できる
制限	●危険行為などは、使用者の安全配慮義務に基づいて禁止されるのも合理的

2 休憩は一斉に取るのが原則だ

労使協定で時間帯を変えることもできる

休憩時間に関するもう一つの原則は、**各事業場で一斉に与えること**、というものです（第三四条第二項）。

ただし、使用者と過半数代表者との労使協定がある場合にはその限りではありません。

この労使協定には①一斉休憩を与えない労働者の範囲と、②それら労働者への休憩の与えかたを明記することになっています（則第一五条）。

たとえば人事部は午前一一時半から一二時半まで、総務部は一二時から一三時までなど、部署別に休憩の時間帯をずらすことができます。ポイントは、誰が・いつ休憩時間を取れるのかが特定されていなければならないということです。

労使協定を労基署に届け出る必要はありませんが、就業規則に一斉付与の定めがあれば、その改定手続きが必要になります。そして就業規則を改定するのであれば、結果として労基署への届出が不可欠になってきます。

一斉休憩には例外もある

労使協定のモデル

交替休憩制に関する協定書

　株式会社○○スーパーと同社労働組合は、労基法第34条第2項の規定に基づき、交替休憩制について、下記のとおり協定します。

記

（交替休憩に該当する範囲）
第1条
販売担当職のうち、早番（午前8時〜午後5時）、遅番（午前11時〜午後8時）に振り分けられる正規社員

（それぞれの休憩時間帯）
第2条
早番・遅番それぞれの休憩時間は次のとおりとする
早番　正午より午後1時
遅番　午後2時より午後3時

（協定期間）

この協定の有効期間は○○年4月1日から○○年3月31日までの3年間とする。

期限の1カ月前までに改めて協議し、両者に異議がない場合はさらに3年間延長するものとする。

○○年○月○日

株式会社○○スーパー
　代表取締役　○○○○ 印

○○スーパー労働組合
　書記長　○○○○ 印

★過半数代表者との書面協定が条件
★労基署への届出は必要ない

3 週に一回は休日がある

短時間でも働けば、休日とはいえない

週四〇時間の法定労働時間を一日八時間でこなすと計算上は週休二日制になりますが、労基法が定めている**法定休日**は少なくとも週一日となっています（第三五条）。法定休日以外の休日を「法定外休日」または「所定休日」といったりします。したがって、仮に就業規則で週休二日制を定めていても、週一日の休日が確保されていれば、別の一日に出勤してもその日は休日労働とはなりません。もちろんそれによって週四〇時間以上の労働になれば時間外労働になりますので、三六協定の締結・届出とともに割増賃金の支給が絶対条件となります。

なお、休日は一週一日もしくは四週四日が確保されていれば、いつ与えるかを特定していなくても違法とはなりません。労働者ごとの休日が異なる曜日であっても問題ありません。

ただし休日は原則として**一暦日（午前〇時〜午後一二時の二四時間）を単位**としますので、たとえ三〇分であろうとも、臨時出勤した場合には休日が確保されたことにはなりません。その場合は、あらためて別の日に法定休日を取得することができます。

休日とはなにか

定義 労働契約や就業規則などにおいて労働の義務がないとされている日

カレンダーと法定休日の違い

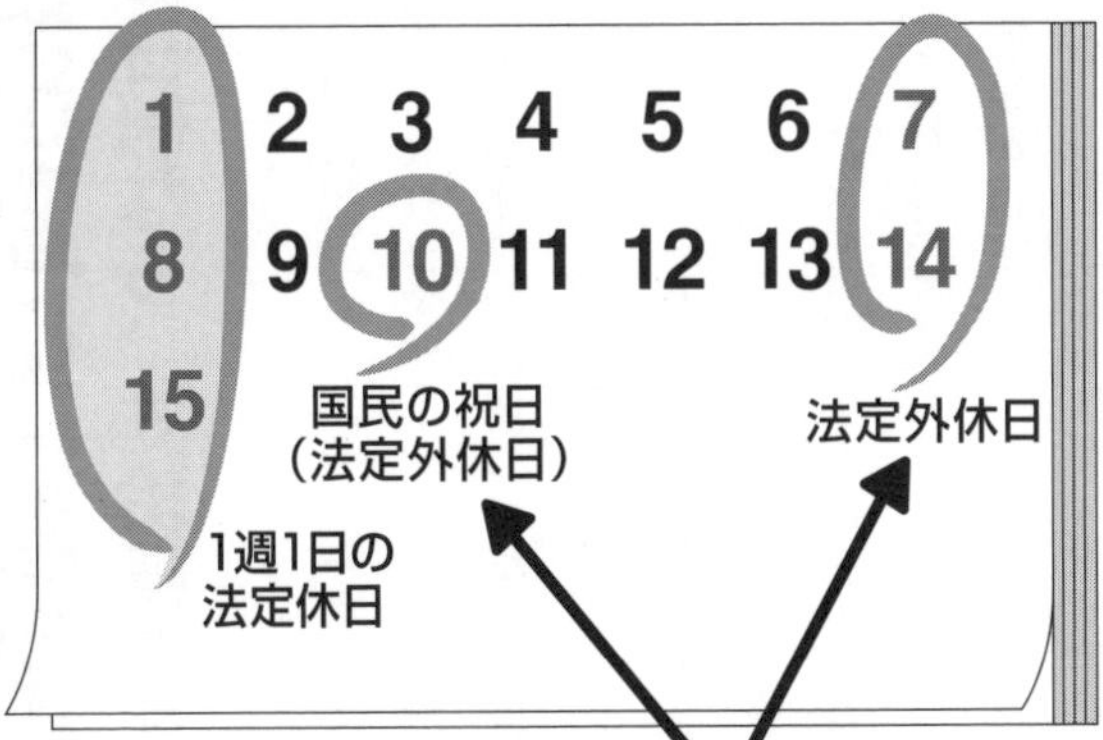

これらが休日になるかどうかは
労働契約や就業規則しだい

頻度

原 則／毎週少なくとも1回

例 外／4週間に4日の休日が確保されていればよい
ただし就業規則などに「4週」の起算日を定めておくこと

長さ

原 則／暦日24時間（午前0時から午後12時まで）

例 外／8時間3交替制などでは、継続する24時間でもよい場合がある

4 休日出勤には割増賃金がもらえる

週休二日制なら、支給基準を確認する

まず、週一回の法定休日に出勤した場合から考えてみましょう。就業規則などの規定と三六協定の締結・届出が前提となりますが、その日の労働に対しては三五％増し以上の割増賃金を請求できます。一方、土日が休日の週休二日制を実施している会社で土曜日や祝日に出勤しても、法律的には休日労働にはなりません。その出勤によって週の労働時間が四〇時間を超えれば時間外労働となり、二五％増し以上の割増賃金が支給されることになります。

もし月曜から金曜の就業時間が七時間で、土曜日の出勤が五時間であれば計四〇時間となり、時間外労働の割増賃金が支給されなくても違法ではないのです。法定外休日の労働に対しても休日割増賃金を支給する会社は珍しくありませんが、いずれも就業規則が根拠となります。

また、事前に**休日の振替**が指定され、たとえば通常の休日である日曜日に出勤する代わりに同じ週の火曜日に休むということであれば、休日労働に対する割増賃金は支給されません。この場合、法定休日が移動しただけであり、週一回の休日は確保されるからです。

休日の性格で割増賃金も異なる

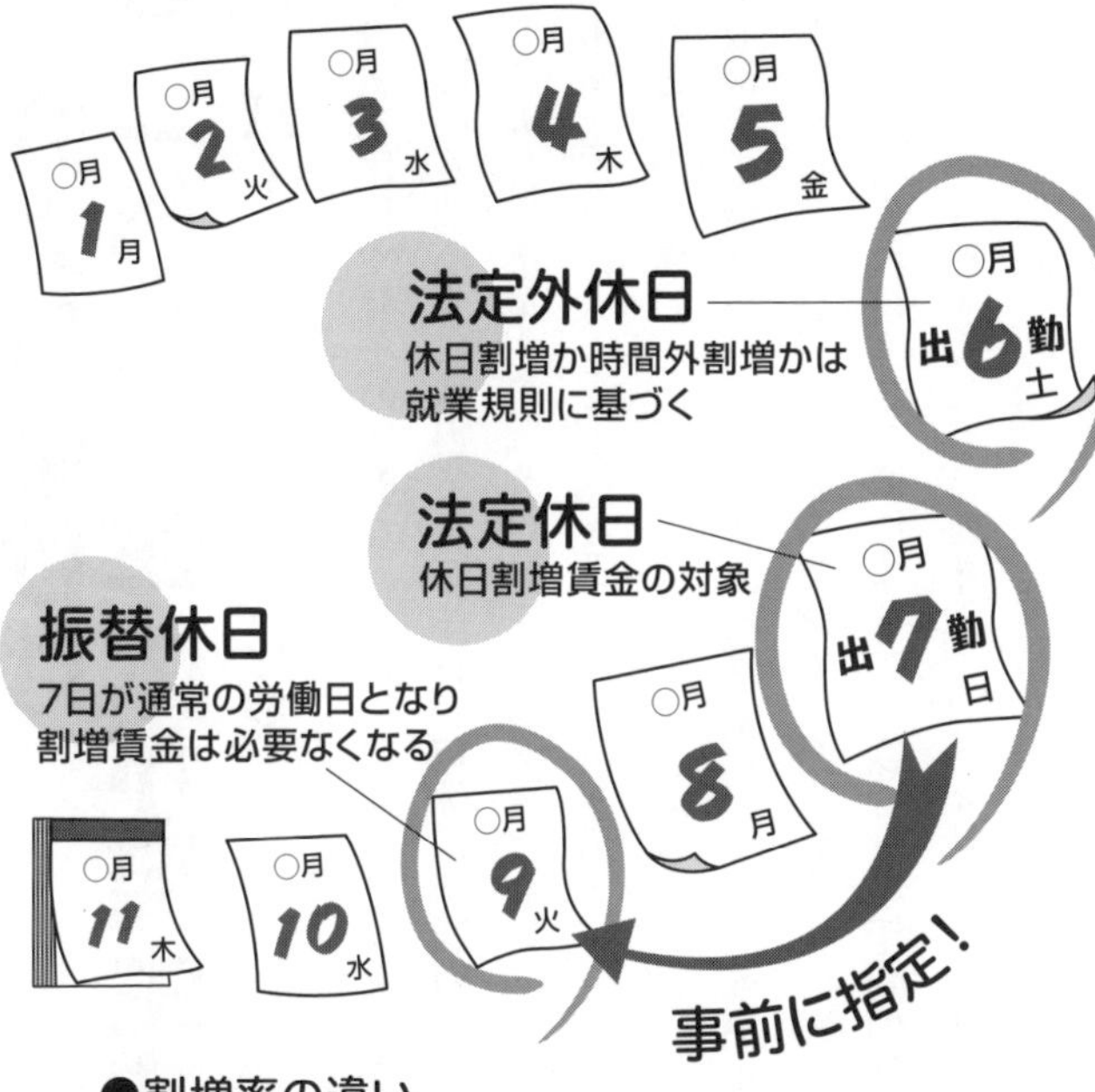

●割増率の違い

法 定 休 日…通常賃金の35%増し以上

法定外休日…週の労働時間が40時間を超えるとき 通常賃金の25%増し以上

参考

●法定休日労働が8時間を超えたら?

法定休日の総労働時間に35%の割増賃金が払われる。
法定休日に“時間外労働”の考えは生じない

●法定休日労働が深夜に及んだら?

35%(休日労働割増率)+25%(深夜労働割増率)
=60%の割増率となる

5 六カ月働けば一〇日の年休が発生する

パートでも付与される

週一回の法定休日や夏冬の休暇などをいつにするかは会社が決めるのに対し、いつでも好きなときに、理由を問わずに取得できる休日が**年休（年次有給休暇）**です。

年休を取る場合に事業主の〝許可〟を得る必要はないので、単に「いつ休む」と告げるだけでよく、事業主が日にちを変更できるのは、事業の正常な運営を妨げる場合に限られる（「時季変更権」といいます）、というのが法律上の規定です。

年休を取得する権利は、①六カ月の継続勤務、②その間の出勤率が八〇％以上であること、の二要件を満たした場合、あらゆる労働者に発生します。

年休日数は勤続年数に応じて増加するしくみで、**半年間の継続勤務で一〇日**。以降一年ごとに増加して、六年半以上勤めれば毎年二〇日の年休を取得する権利が発生します。

年休の権利は二年間で時効によって消滅します。前年度に未行使の年休は翌年度に繰り越され、翌年度末に時効により消滅することになります。

勤続年数と年休日数の関係

一般社員の場合

勤続年数	0.5年	1.5年	2.5年	3.5年	4.5年	5.5年	6.5年～
年休日数	10日	11日	12日	14日	16日	18日	20日

●パートでも週所定労働日数5日であれば一般社員と同じ
●週所定労働時間が30時間以上であれば一般社員と同じ

所定労働日数が少ない場合（パートなど）の日数

週所定労働日数	年間所定労働日数	勤続年数						
		0.5年	1.5年	2.5年	3.5年	4.5年	5.5年	6.5年～
4日	169～216日	7日	8日	9日	10日	12日	13日	15日
3日	121～168日	5日	6日	6日	8日	9日	10日	11日
2日	73～120日	3日	4日	4日	5日	6日	6日	7日
1日	48～72日	1日	2日	2日	2日	3日	3日	3日

継続勤務とは

事業場への在籍期間のことで、必ずしも継続して出勤することは要しない。病気や労働組合の専従のため休職している期間も通算される

出勤率の算定

労災療養中の休業、育児・介護休業、産前産後休業、年休取得日も出勤したものとして計算する

6 年休の確実な取得のために

年五日の年休取得は使用者の義務

年休を取得する権利がある、といっても、現実にはなかなか休みが取れない人も多いのが実情です。

そこで、年休を確実に取得させるため、働き方改革関連法による改正労基法では、年一〇日以上年休が付与される労働者に、年五日について使用者が時季を指定して年休を取得させることが義務づけられました。入社後六カ月以上経過しているフルタイム社員だけでなく、パート社員でも年一〇日以上年休が付与される労働者は、すべて対象となります。

対象期間は、一〇日以上の年休が付与された日を基準日として一年間です。したがって、有給休暇の取得義務に対応するためには、定期的に休暇の取得状況をチェックし、基準日から一年を経過する前に五日の有給休暇を取得していない社員に希望を聞いたうえで日付を指定し休ませる必要があります。計画年休制度または労働者が自ら既に五日の有給休暇を取得している場合は対象となりません。また、年休取得の義務に違反した場合は罰則の対象となります。

計画年休制度と時間単位の取得

計画年休制度

計画年休制度を導入するには ➡ **労使協定が必要**

①事業所全体の一斉付与
②部署、グループごとの付与
③個人カレンダーで個人別付与

※個人が自由に取得する年休が不足しないよう、5日間は残さなくてはならない。
※計画年休制度で取得した年休は、取得義務の年休にカウントされる。

時間単位の取得

時間単位での年休取得制度を導入するには ➡ **労使協定が必要**

※時間単位で付与する有給休暇の日数は労使で決められるが、5日以内という制限がある。
※時間単位年休は計画年休や取得義務の年休として扱うことはできない。
※半日単位での付与は労働者が希望し、使用者が同意した場合、労使協定がなくても可能。

7 生理日に休暇を取れる場合もある

半日や時間単位で休むこともできる

均等法の制定および改正に伴い、労基法のいわゆる女性保護規定は撤廃されたわけですが、現在も女性だけが対象となる措置は残っています。

もっともその目的は「**母性**」の保護にあり、施策内容も微妙に改正されています。

たとえばかつての「生理休暇」（改正前の第六七条）の規定は、生理日には無条件に休めるというニュアンスもあるため一九八五年の改正で「生理日の就業が著しく困難な女性に対する措置」という見出しに改められました（第六八条）。

生理日の休暇は、**就業が著しく困難**な状態にある限り取得できるものですから、日数や取得回数を制限することはできませんが、半日もしくは時間単位での取得を認めることはかまいません。

休暇日（時間）を有給とするかどうかについては労基法に規定がありませんので、就業規則などの定めに従うことになります。

生理日の休暇について

請求できる場合

生理日であり、就業が著しく困難な女性

取得方法

本人の申請に基づく。医師などの証明までは必要とされない

日　数

就業困難な状態が続く限り。就業規則などで日数を限定することはできない

就業規則で確認しておくこと

休暇の取得単位

暦日か時間分割での取得も可能か

休暇日の賃金

有給か無給か
1日は有給、以後無給ということもある

8 子を産み、育てる女性への保護規定

産後六週間は休業が強制される

母性保護規定の代表的なものに**産前産後休業**があります。特に少子化傾向の著しい現在、子を産み育てることに対する社会・企業責任は高まる一方で、それに応じた法改正がなされています。まず産前休業は本人の請求に基づくもので、出産予定日を含む六週間（多胎妊娠の場合は一四週間）の休業が保障されます。一方、出産後の八週間は請求の有無にかかわらずに就業させることが禁止されています。ただし例外的に、本人の希望に基づき、就労に支障がないという医師の証明がある業務に限り、産後六週間経過以降に働くことができます（第六五条）。

また、生後一年に満たない子を育てる女性は、通常の休憩時間のほかに一日二回（労働時間が四時間以内なら一回）の**育児時間**を請求することができます。その長さは各最低三〇分とされていますが、時刻指定は本人にまかされているため、まとめて一時間を取得することもできます。

なお労基法には、産前産後休業や育児時間中の賃金について定めがないので、無給か有給かは就業規則などの定めによります。

母性保護の内容には多くの種類がある

妊産婦などに保障されている保護措置の一覧

①労働時間などの制限（第66条）

本人の請求に基づき、時間外・休日・深夜労働が制限される。変形労働時間制の下でも働かせることはできるが、1週40時間・1日8時間を超えることはできない

②坑内業務の禁止（第64条の2）

妊産婦はすべての坑内業務が禁止される。妊産婦以外の18歳以上の女性は作業員の業務について禁止される

③危険有害業務の禁止（第64条の3）

重量物の取扱いや有害ガスなどを発散する場所などでの就労が禁止される

④産前産後休業（第65条）

産前6週間（多胎妊娠のときは14週間）、産後8週間の休業を保障。出産予定日から遅れて出産した場合は、予定日から出産当日までの間は産前の休業に含まれる

⑤軽易な業務への転換（第65条第3項）

請求に基づいて、他の軽易な業務に転換してもらうことができる

⑥育児時間（第67条）

生後満1年に達しない子を育てる場合、通常の休憩時間に加え、1日2回それぞれ最低30分の育児時間を請求できる

⑦生理日の就業が著しく困難な場合（第68条）

生理日の就業が著しく困難であれば、必要な日数だけ休むことができる。

☆妊産婦とは

妊娠中および産後１年未満の女性のこと
（第64条の3）

9 育児や介護をしながら仕事を続けられる

育児・介護休業法とは

育児や介護をしなければならない労働者が仕事と両立できるよう配慮し、仕事を続けられるよう支援する制度が育児・介護休業法で定められています。少子高齢化の進行に伴い、法の改正がなされ内容が充実しているので、よく確認しておきましょう。

育児や介護を行いながら仕事を行うための支援には、育児休業制度、介護休業制度のほかに、子の看護休暇制度、介護休暇制度が設けられています。また育児・介護のいずれにも労働時間を柔軟にする制度が設けられています。

・所定外労働を免除する制度　・時間外労働時間を制限する制度
・深夜業を制限する制度　・所定労働時間の短縮措置

労働者は、これらの制度の適用を希望する場合、事業主に申し出ることができ、事業主は対応する義務があります。また、これらの制度の利用を理由とした解雇、降格、減給等の労働者に対する不利益な取扱いは禁止されています。

育児・介護休業制度のポイント

育児休業制度

対象者…1歳に満ない子を育てる労働者
回　数…子1人につき原則1回
期　間…原則子が1歳に達するまで
※子が1歳に達する日において保育所に入所できない等の事情があれば2歳まで

子の看護休暇制度

小学校就学の前までの子を養育する労働者が子の看護または健診等のために休暇を取得できる。対象の子が1人の場合は年5日まで。2人以上の場合は10日まで。半日単位での取得が可能

介護休業制度

対象者…配偶者、父母、配偶者の父母、子など一定範囲の親族が要介護状態となり、その介護をする労働者
回　数…対象家族1人につき3回
期　間…対象家族1人につき通算93日

介護休暇制度

要介護状態にある対象家族を介護する労働者が介護等のために休暇を取得できる。対象家族が1人の場合は年5回まで。2人以上の場合は10日まで

10 会社独自の休暇も調べておく

どんなときに、どれだけ休めるのか

年休や産前産後の休業などは、法律が使用者に義務づけているものですから、**法定休暇・休業**と呼ばれています。その取得は労働者の権利でもありますから、「わが社に制度がない」というような理由で事業主が拒否することはできません。

一方、当たり前に思える夏冬の休みや慶弔休暇などは法律で義務づけられたものではないため、**法定外休暇・休業**と呼ばれています。

法定外休暇・休業の条件は、原則として会社の裁量にまかせられるわけですが、好き勝手に決めることができるわけではありません。というのは、休暇・休業制度は就業規則への絶対記載事項ですから、ひとたび決定したものは労働条件として確定するからです。

逆にいうと、就業規則などに定めがなければ、たとえ世間では常識である夏休みがなくても、それはそれでしかたないということになります。

一度、会社にはどのような休暇・休業制度があるのかを調べておいて損はないはずです。

主な休暇・休業制度

	名称	期間など
法定	裁判員休暇	裁判員等として裁判所へ行く期間
	産前産後休業	産前6週間(双子以上の場合は14週間)、産後8週間
	育児休業	育児している子が1歳(一定の場合2歳)になるまで
	介護休業	通算93日まで
	労災休業期間	治療に要する期間(原則最長3年間)
	年次有給休暇	繰越分含め、最長40日
	生理日の休暇	就業困難な状態が続く間
	子の看護休暇	1年に5日まで(2人以上は10日まで)
	介護休暇	1年に5日まで(2人以上は10日まで)
法定外	夏季・年末年始休暇	いわゆる夏休み・冬休み
	慶弔休暇	請求理由に応じて異なることが多い
	私傷病休職	数カ月〜3年程度が多い
	リフレッシュ休暇	勤続の節目に3〜10日ほどとしている会社が多い
	ボランティア・自己啓発休暇	数日から年単位まで、会社によりさまざま

チェックポイント

●どんな場合にどのくらい休めるのか
●休暇・休業中の賃金はどうなるのか
●復職時の扱いはどうか(長期休暇・休業の場合) など

11 私傷病休職は必ず確認しておこう

職場復帰や賃金のルールをつかんでおく

会社独自の休暇・休業制度のうち、必ず確認しておきたいのが**私傷病休職制度**です。多くの企業で設けられていますが、その長さや期間中の賃金の扱い方については千差万別です。そのような休職制度そのものがないことも考えられます。

休職期間は勤続年数に応じて変わることが多く、数カ月から三年程度を設定しているケースが一般的です。賃金が全額支給されることもありますが、健康保険からの給付（傷病手当金）だけに委ねられることも珍しくありません。期間やその間の賃金については就業規則などの定めが根拠になります。

所定の休職期間が経過しても傷病が治らず、復職できない場合には、退職扱いになることも少なくないようです。事前に就業規則などで解雇理由や職場復帰のルール（元の仕事に戻れるかどうか）ということを確認しておきましょう。もっとも、期間の延長や軽易業務への配転について話し合う余地はあります。過去に例がないかどうかも調べてみましょう。

私傷病休職で確認しておきたいこと

●期間

勤続年数によって期間は変わることが多い

●モデル規定例

勤続年数	3年未満	3年以上 5年未満	5年以上 10年未満	10年以上
休職期間	3カ月	6カ月	1年	1年6カ月

●休職期間経過後の措置

期間満了後の扱い(退職となるのか)や、職場復帰する際の条件などが、就業規則などに定めてあるか

●賃金

有給(一部有給)なのか
無給(健康保険の傷病手当金)なのか

●復職

原職復帰が保障されているか
復職手続きが定められているか

●その他

期間延長は認められるか。前例はないか

C O L U M N

ヒトコト労働法 ⑤ 男女雇用機会均等法

今では男女雇用機会均等法（均等法）といえば、入社から退職までの女性差別を禁止した法律という認識が一般化していることでしょう。

もともとこの法律は、一九七二年に勤労婦人福祉法として制定されましたが、一九八五年に題名を改正し、均等法となりました。

制定当初は、社会進出が活発化しはじめた女性たちの福祉充実を目的とした意味合いが強く、差別解消に関する記述は基本理念として抽象的に触れられているだけでした。

改正を重ねることによって、同法は女性労働者を男性と差別的に取り扱うことを禁止する内容を増やしてきました。同時にセクシュアルハラスメント防止が事業主の義務と規定されました。

現在では、募集・採用・配置・昇進・降格・教育訓練、福利厚生・職種・雇用形態の変更、退職の勧奨・定年・解雇・労働契約の更新について、女性のみ対象ではなく、広く男女間の差別を禁止する内容になり、さらに、紛争解決支援や企業への制裁措置も盛り込まれています。

二〇一七年の改正では、セクシュアルハラスメントだけでなく、マタニティハラスメント（妊娠、出産、育児に関して行われる嫌がらせ）の防止措置を事業主が講ずることが義務化されました。

パート6
賃金について知っておくべきこと

私たちが働いている大きな理由の一つ、賃金。
「仕事をするから賃金をもらう」
当たり前のこと。
だが、それだけに奥が深い。
支払方法、平均賃金、割増賃金など…
賃金について知っておくべきことは
たくさんある。

1 賃金にはなにが含まれるのか

労働の対償であればすべて賃金になる

会社から受ける経済的利益にはさまざまなものがありますが、そのうち労基法で賃金とされているのは、**「労働の対償として**使用者が労働者に支払うすべてのもの」です。

したがって「基本給」や「業績給」などはもちろんのこと、「家族手当」や「住宅手当」なども、その呼び名がどうあれ「労働の対償」として支給される限り賃金に含まれます。

一方現金であっても、たまたま支払われた結婚祝金や入院見舞金などは、支払い条件が「労働の対償」ではないため、賃金にはなりません。ただし、就業規則などにこれらの支給条件が明確に定められていれば、賃金となります。

このことは退職金などについても同様で、会社に**支給規定**があれば賃金とみなされるようになります。

また、明文化された規定がなくても長年にわたっての支給実績があり、慣行として定着している場合も同様に扱われます。

賃金になるもの・ならないもの

労基法による定義

労働の対償として使用者が
労働者に支払うすべてのもの（第11条）

- 「給料」「給与」「手当」など、名称は問わない
- 社宅などの現物支給は原則として福利厚生だが、非利用者に金銭補助があれば賃金に含まれることがある

もう一つの判断基準

あらかじめ支給条件が規定化されているもの

- 「労働の対償」とはいえない金品も、就業規則などに支給条件が明確に定めてあれば賃金となる

具体例

無条件に賃金となるもの

基本給・家族手当・役職手当など、いわゆる給料
精皆勤手当、通勤手当、休業手当、年休日の手当　など

支給規定があれば賃金になるもの

賞与、退職金、結婚祝金、出産祝金、病気見舞金、
永年勤続報奨金　など

賃金にならないもの

任意・恩恵的・偶発的に支払われる各種見舞金
出張旅費（実費弁償分）　交際費　など

2 賃金の支払いには五原則がある

賃金からの控除には厳しい制限がある

賃金とはなにかを正確に知ることは、労基法の保護を受けるために必要不可欠なことといえます。すなわち、ひとたび賃金と認められれば、①通貨（現金）で、②本人に直接、③全額を、④毎月一回以上、⑤一定期日に、支払うという賃金支払いの**五原則**が適用されるからです（第二四条）。

現物支給や臨時的に支払われるものについては適用されない項目もありますが、支払いを権利として主張できることに変わりはありません。

五原則の中で最も大切なのは「**全額払**」でしょう。賃金はすべて労働者に支払われなければなりません。そのため、賃金から控除できる項目については厳しい制限があります。

無条件に控除が認められるのは所得税や社会保険料など、法令で定められたものに限られ、社内預金や住宅貸付金などは、本人が控除を希望する場合でも労使協定の締結が条件になっています。

賃金支払いの基本的ルール

賃金支払いの五原則

①通貨払	賃金の銀行口座への振込みは、労働者の同意や本人名義の口座であること、賃金支払日に全額を引き出せること、などが条件
②直接払	代理人への支払いは不可。配偶者など、本人の依頼を受けた使者への支払いは可
③全額払	法定項目をのぞき、控除協定がなければ差し引くことはできない
④毎月1回以上払	ボーナスや退職金、慶弔見舞金などの例外はある
⑤一定期日払	日づけを決めるか「毎月末」などとするか、支払日は特定されなければならない

賃金控除が認められるもの

法令で定められたもの

所得税の源泉徴収　社会労働保険の本人負担分 など

労使協定によるもの

社内預金　各種積立金　住宅貸付金　食費
社宅・寮費 など

その他

遅刻・早退、ストライキ中の賃金カット（ノーワーク・ノーペイの原則による）
懲戒処分による減給（就業規則の定めに基づく）　など

3 ボーナス・退職金の支払いルールは

五原則すべてが適用されるわけではない

働いていれば、**ボーナス（賞与）や退職金**を期待するのは当然のことでしょう。いずれも「労働の対償」ですから、賃金として請求できる権利があるようにも思えます。

しかし、実は両方とも、会社に支給義務があるわけではありません。ただ、ほとんどの会社で就業規則などに支給規定があり、実績として支払ってきているために、賃金としての性格が形成されているというものなのです。

そのため、賃金支払いの五原則すべてが自動的に適用されるわけでもありません。たとえば支払日や支給額は会社の支給規定に基づきます。

ボーナスであれば、経営状況や本人の業績によって支給額に差がつくのが一般的です。また、退職金の算定方法は退職理由によって変わることも多く、懲戒解雇ともなれば、まったく支給されないこともあり得ます。

ボーナスや退職金などは通常の賃金とは異なり、会社の規定が優先されるわけです。

ボーナス・退職金の支給ルール

ボーナス（賞与）

支払日	夏冬の年2回が多い。決算期に特別賞与が支給される場合もある
金額	査定基準に基づき、人により、年度などにより差が生じることが多い
支給要件	支給日在籍か査定期間在籍か。前者であれば、支給日前に退職した場合は不支給になる場合も

退職金

支払日	就業規則などで定める支払期日。なお、就業規則で退職金に関する定めをする場合、支払時期を定める必要がある。退職金の分割支払いや年金払いも可能
金額	勤続年数と退職理由により大きな差が。早期退職制度の利用者には退職金の割増支給も
支給要件	一定の勤続年数を満たした後の退職。懲戒解雇では不支給となることも。競合他社への転職者に対しては、事前に当事者間の特約があれば減額・不支給もあり得る

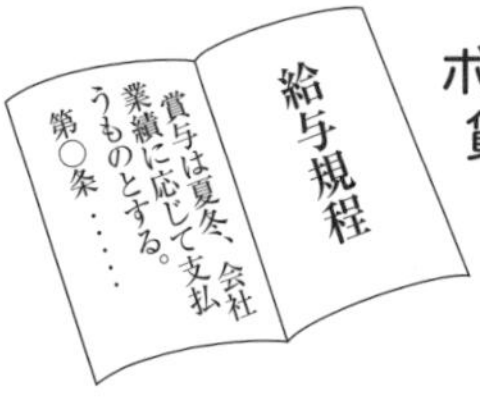

ボーナス・退職金が
賃金になるのは
支給規定がある場合

4 平均賃金とはなにか
解雇予告手当や休業手当の基準になる

平均賃金というと、業種別・年齢別などの統計を思い浮かべるかもしれませんが、労基法上のそれは、個々人の実際の収入をベースにするもので、人により額が異なります。

会社の都合で休業を強いられたような場合や、予告なしに即日解雇されるような場合には、それぞれ**休業手当**（156ページ）や**解雇予告手当**（196ページ）が支払われることになっていますが、そうした手当の額の基準となるのが平均賃金なのです。

計算方法の原則は、「以前三カ月間にその労働者に対し支払われた賃金の総額を、その期間の総日数で除」す（第一二条）というものです。賃金総額というのは、基本給・諸手当・時間外手当・休日手当など、労働の対価として支払われたものすべてが含まれます。

また、総日数は日曜・祝日などの休日も含んだ暦日数とされています。

このように、時間外労働手当の計算方法（146ページ）とは若干の違いがある点に注意してください。

平均賃金についての基礎知識

平均賃金の計算方法

3カ月間に支払われた**賃金総額** ／ 3カ月間の**総日数** ＝ **平均賃金**

※賃金締切日がある場合は、
直前の賃金締切日以前の3カ月間となる

☆「3カ月間に支払われた賃金総額」とは

基本給・諸手当・時間外手当・休日手当など、労働の対価として支払われるものすべて

※臨時に支払われた賃金（結婚祝金や退職金など）や3カ月を超える期間ごとに支払われる賃金（賞与など）などは除外される

☆「3カ月間の総日数」とは

日曜・祝日など労働していない日を含んだ暦日数

※ただし、①業務上の負傷疾病による休業期間、②産前産後休業の期間、③使用者の責めに帰すべき事由による休業期間、④育児・介護休業期間、④試用期間、はその期間の日数と賃金額を除外する

算出が必要になるのはこんな場合

① **解雇予告手当**（第20条）
② **休業手当**（第26条）
③ **年休日の賃金**（第39条）
④ **災害補償**（第76条～82条）
⑤ **減給の制裁**（第91条）

5 残業や休日出勤には割増賃金が支払われる

時間外労働なら最低二五％増しになる

労働時間が長くなる残業や休日出勤などでは、その時間分に対しては残業手当や休日出勤手当などの割増賃金が支払われます（第三七条）。

一週四〇時間・一日八時間を超える時間外労働の時間（残業時間）に対しては、通常の賃金の二五％以上で計算した**時間外労働割増賃金**が支払われます（月六〇時間を超える時間外労働について、割増率は五〇％以上にアップします。詳しくは次項で説明します）。また、週一日または四週四日の法定休日の労働に対しては、通常の賃金の三五％以上で計算した**休日労働割増賃金**の支払いが義務づけられています。

いずれも最低基準なので、実際には会社の所定労働時間（たとえば一日七時間）を超えたり、所定休日（土曜出勤など）の労働に対して割増手当を支払っている会社も少なくありません。

このほか、午後一〇時から翌朝午前五時までの時間帯に働いた場合には、労働時間数にかかわらず、通常の賃金の二五％以上で計算した**深夜労働割増賃金**が支払われます。

割増賃金には3種類ある

時間外労働割増賃金の考えかた

■始業午前9時、終業午後5時の場合

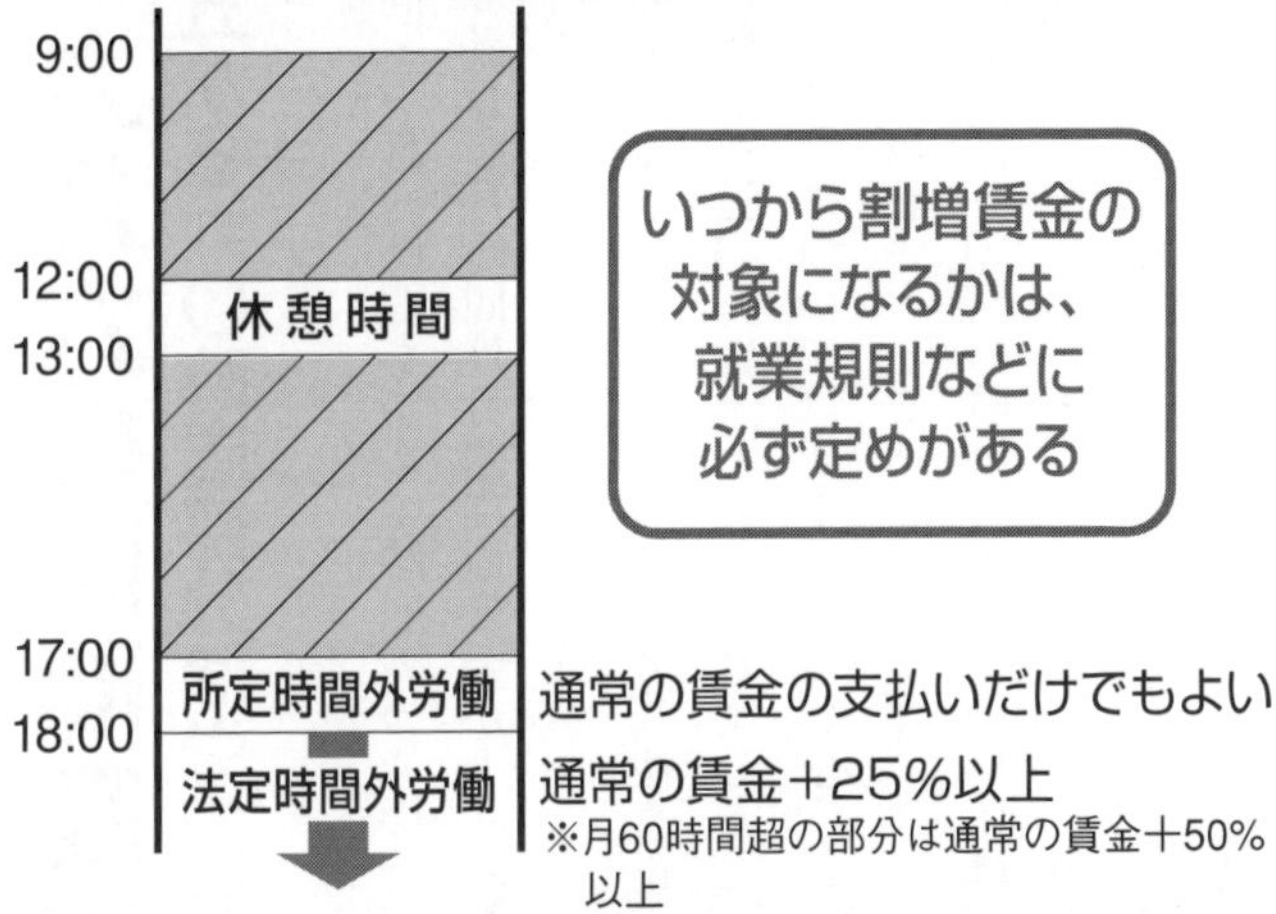

休日労働割増賃金

- 週1日の法定休日出勤に対しては、時間数×通常の賃金の135%以上の支払いが義務
- 週休2日制での土曜・祝日出勤に休日労働割増賃金が支給されるかどうかは会社の規定しだい。ただしそれによって週40時間を超えた分は、時間外労働割増賃金の対象になる

深夜労働割増賃金

- 午後10時から午前5時までの労働には、通常の賃金の25%増し以上。時間外労働がこの時間帯に及べば、時間外労働割増賃金とあわせて50%増し以上となる

6 一カ月六〇時間超から五〇%以上

四五から六〇時間部分は労使で決める

一週間四〇時間・一日八時間を超える時間外の労働時間（残業時間）に対しては、通常の賃金の二五%以上で計算した時間外労働割増賃金が支払われると前ページで説明しましたが、いくら働いても割増賃金は変わらないのでしょうか。

長時間労働を抑制するため、二〇一〇年の労基法改正で、一ヵ月六〇時間を超える時間外労働時間については**割増率五〇%以上**と強化されました。

これは現在、中小企業については猶予されていますが、働き方改革関連法により、二〇二三年四月からその猶予が廃止されることになります。

また、一ヵ月四五時間を超える時間外労働については、労使協定で二五%を超える割増率に引き上げる努力義務が課されています。この規定は、中小企業にも適用されます。

つまり、時間外労働四五時間以下は「二五%」、四五時間超六〇時間以下は「二五%を超える率」、六〇時間超は「五〇%」という三段階の割増賃金率が併存するかたちになります。

時間外労働の割増賃金は3段階ある

時間外労働数を基準とする割増賃金の3段階設定

（第37条第1項）

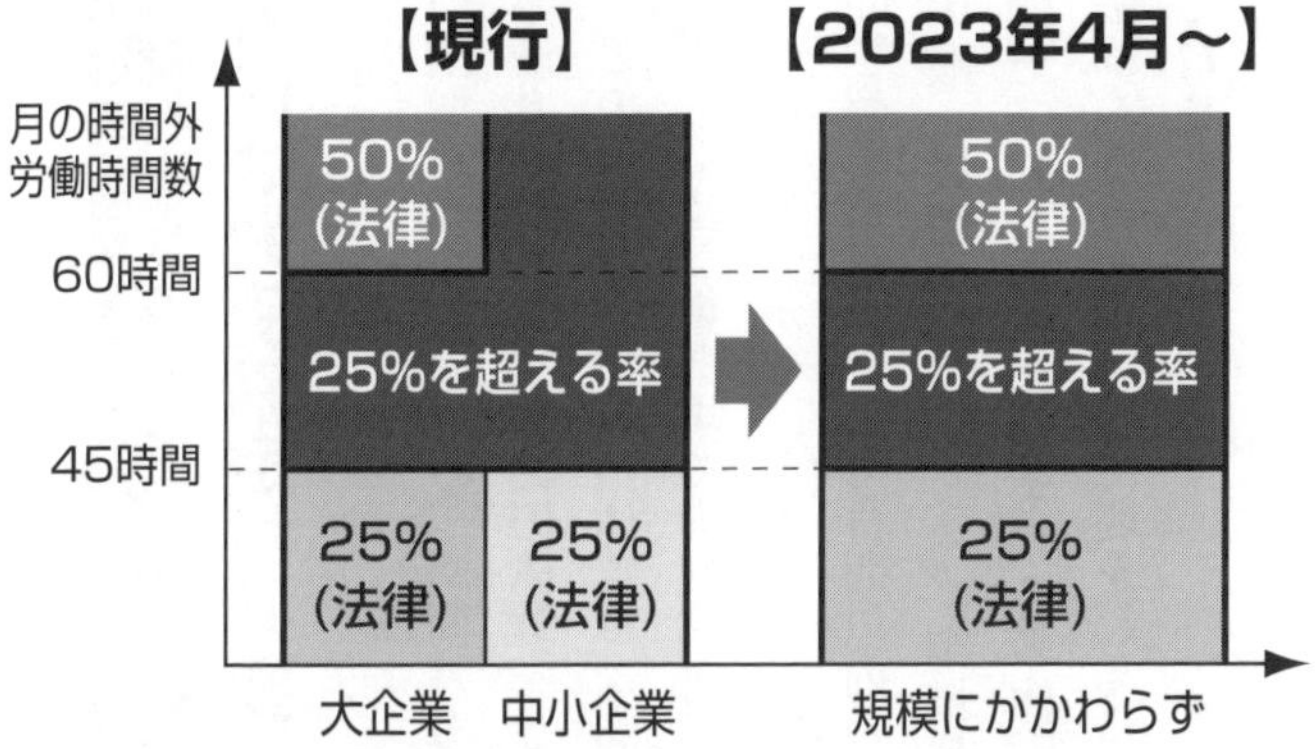

引上げが猶予される中小企業とは

①資本金の額または出資の総額が

小売業	5,000万円以下
サービス業	5,000万円以下
卸売業	1億円以下
上記以外	3億円以下

または

②常時使用する労働者数が

小売業	50人以下
サービス業	100人以下
卸売業	100人以下
上記以外	300人以下

（注）事業場単位ではなく、企業（法人または個人事業主）単位で判断します。

7 割増賃金率五〇％に代えた有休も

導入には労使協定が必要

前記の三段階の割増賃金設定のうち、時間外労働が六〇時間を超える部分に関しては、時間外労働を行った労働者に対して、**有給の休暇**を与えれば、引上げ分を支払わなくてすむという制度があります。この休暇は年次有給休暇とは別のものです。

この制度を導入するには、事業場で労使協定を結ぶことが必要になります。労働者の休息の機会を確保するのが目的ですから、この休暇は、一日、半日、一日または半日のまとまった単位で、月六〇時間を超えた月から二カ月間以内の期間で与えるよう定めます。

代わりの有給休暇（**代替休暇**）によって割増賃金の支払いが免除されるのは、二五％から五〇％に引き上げた二五％分だけです。この休暇を取って休んだ場合でも、六〇時間までの二五％の割増賃金はもちろん、六〇時間を超える部分の二五％についても割増賃金が支払われますので、覚えておきましょう。

割増賃金の支給に代えた有給休暇

（第37条第3項）

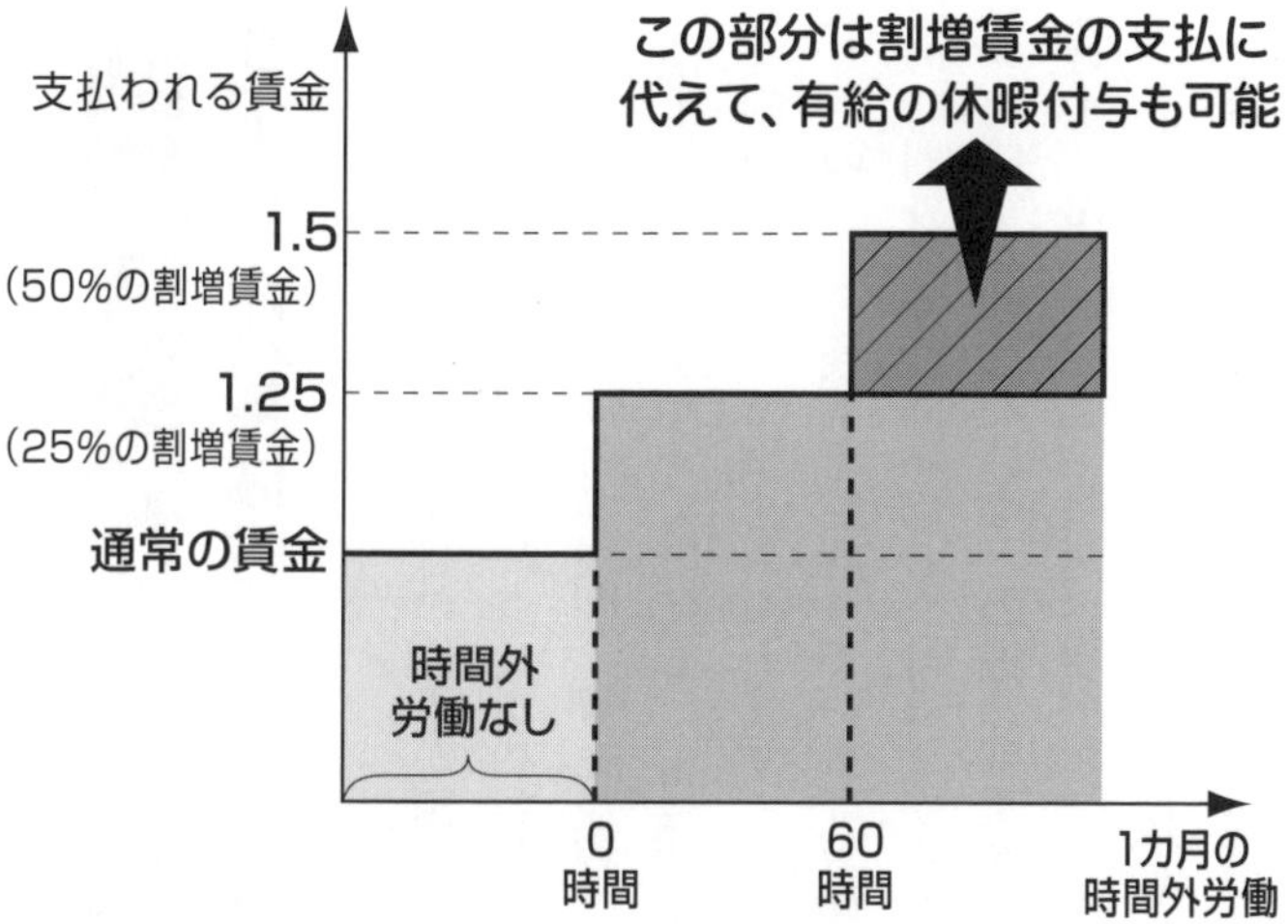

労使協定で定める事項

①代替休暇の時間数の具体的な算定方法

②代替休暇の単位

③代替休暇を与えることができる期間

④代替休暇の取得日の決定方法、割増賃金の支払日

8 割増賃金が支払われる労働とは

サービス残業は労基法違反だ

法定労働時間を超えたり、法定休日の仕事が割増賃金の支給対象になるのは当然ですが、会社によっては所定労働時間を超えた時点で支払われることがあります。**所定時間外労働**なども対象とするわけですが、これは就業規則（賃金規程）などで定めてあればこそのことです。

その反面、法定労働時間を超えていても、「自発的な残業だから」と割増賃金を支給しなかったり、手当に上限を設けている例もみられます。これは、いわゆる**サービス残業**（賃金不払残業）で、違法なものです。残業を黙認していれば労働時間と認められますし、上限額を設けていても、実際の時間外労働時間に応じた計算額がそれを超えれば、差額の請求は権利として要求できます。三六協定を結ばないなどの違法残業をしていた場合でも、割増賃金を不支給とする理由にはなりません。

このほか、一定の残業代込みの年俸制でも、基準となる所定労働時間や時間外労働時間をはっきりさせておき、実際の時間外労働などが見込みを超えた場合には割増賃金が必要です。

割増賃金が必要になる時間とは

時間外、休日、深夜労働をさせても割増賃金を支払わないサービス残業（賃金不払残業）は労基法違反！悪質なものについては、司法処分（逮捕・送検）もある！

こんな場合も割増賃金は必要

自発的な残業

上司の黙示の指示が認められ、時間外労働であることに変わりはない。残業をさせたくなければ、仕事を止めるように指示すべき

違法な残業

就業規則などに記載がなかったり、三六協定が締結・届出されていなくても、実際の残業時間に対する割増賃金の支払義務はある

所定時間外労働

就業規則などに定めがあれば支払義務はある

年俸制

実際の時間外労働などが見込みを超えれば、差額を支給

変形労働時間制

事前に決めた特定日・期間の労働時間を超えた時間が時間外労働時間になる

9 割増賃金はこうやって計算する

まずは一時間当たりの賃金を算出する

時間外労働や休日労働、あるいは深夜業に対しては、所定の割増賃金が支払われることはすでに述べましたが、ここでは**金額の算定方法**を説明することにしましょう。

まずは、割増賃金を算定する基礎となる一時間当たりの賃金を計算します。簡単にいうと賃金総額を所定労働時間で割るわけですが、その細目は次のとおりです（則第一九条）。

賃金総額というのは一カ月分の賃金ですが、①家族手当、②通勤手当、③別居手当、④子女教育手当、⑤住宅手当、⑥臨時に支払われた賃金、⑦一カ月を超える期間ごとに支払われる賃金、は除かれます。月給制の場合の所定労働時間は、一日の所定労働時間×年間所定労働日数を一二カ月で割るという算式で求めます。一円未満の端数が生じた場合、五〇銭未満は切り捨て、五〇銭以上は切り上げて計算します。常に切り上げることは、もちろん問題ありません。

これによって割増賃金算定の基礎となる賃金が決定しますので、時間外労働などの実時間数に所定の割増率を乗じて総額を出せばよいわけです。

割増賃金の算定方法

—月給制で毎月の所定労働時間数が異なる場合—
（最も一般的な例）

モデル

給与総額 30万円
年間所定労働日数 240日
（365日−土日・祝日など、所定休日）
1日の所定労働時間 7時間
（始業午前9時、終業午後5時、休憩1時間）

1時間当たりの賃金は、

端数50銭以上は切上げ

$$\frac{30万円}{7時間\times240日\div12カ月} \fallingdotseq 2143円$$

2143円 割増賃金の基礎
× 実労働時間数 × 1.25 = A
（時間外、深夜、60時間超）
× 実労働時間数 × 1.35 = B
（休日労働）

A ＋ B ＝ 割増賃金の月総額

☆時間外労働などの時間数の計算

- 各日の時間数を合計し、1カ月分を単位とする
- 月単位の総計から、30分未満の端数を切り捨て、それ以上は切り上げとすることは可能
- 1日単位では、切り上げは認められるが、切り下げはできない

10 出来高払制には一定額の賃金が保障される

平均賃金の六割が目安になる

出来高払制というのは、完成した仕事一つに対して一定額を支払うという賃金制度のことです。似たような方法に**歩合給制**がありますが、こちらは売上高や販売数量などの成果に応じた金額が加算されていくというものです。

このような出来高払制では、仕事が一つもできなければ賃金もゼロというケースも考えられるため、労働時間に応じた一定額を支払うことが義務づけられています（第二七条）。

問題となるのは、「一定額」とは、どの程度なのかということですが、明確な基準は示されていません。日により、時間により出来高は違うでしょうし、定額制労働者との均衡を図る面からも一律の額なり率を示すことは難しいためと思われます。

厚生労働省では、「通常の実収賃金と余りへだたらない程度の収入が保障される」ことが望ましい（昭和六三・三・一四　基発第一五〇号）としています。休業手当が平均賃金の六〇％（第二六条）であることを考えると、最低額はそのくらいのレベルといえましょう。

出来高が少なくても、一定額が保障される

出来高払制・歩合給制は成果に応じた賃金制度

保障給はこんなときに支払われる

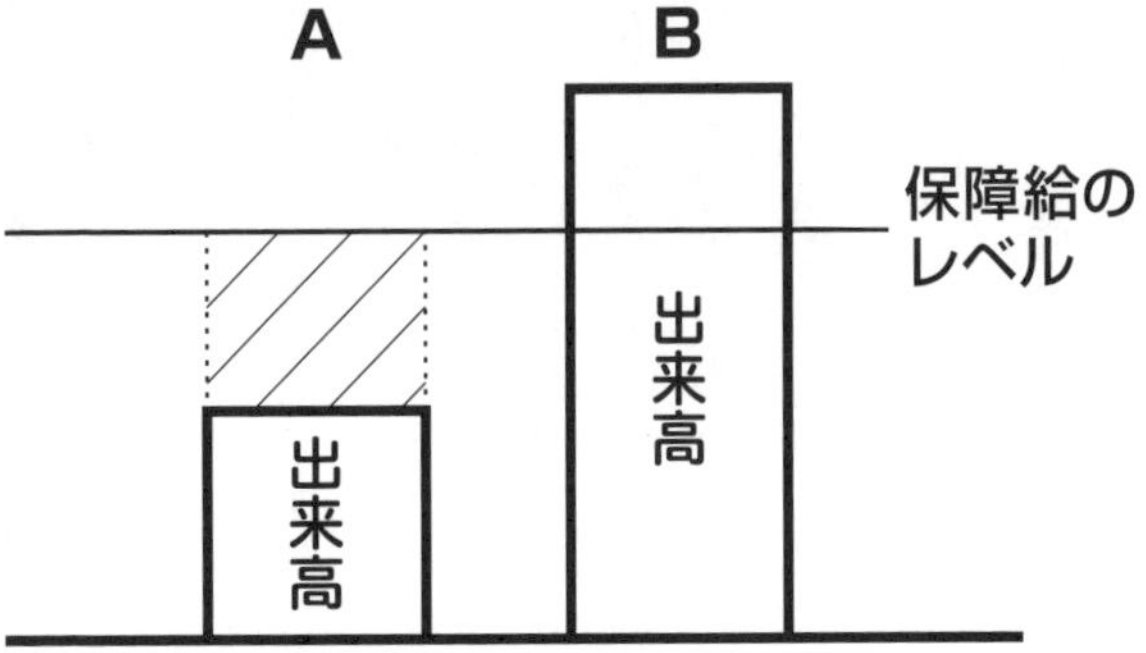

Aには出来高と保障給との差額を支払う
Bの出来高は保障給を超えているので支払わなくてよい
※労働者が労働しない日については、保障給を支払う義務はない

11 男女別の賃金体系は許されない

職種や成果の反映なら正当化される

性別による労働条件差別の禁止は、均等法が細目を定めているところですが、労基法にも一つだけ条文があります。第四条の「男女同一賃金の原則」がそれです。

同条では、単に女性であることを理由として、賃金を男性と差別してはならないという当然なことを規定していますが、賃金制度が複雑多岐にわたっているわが国では、判断の難しいケースもあります。たとえば、同一職種で初任給に男女差が設定されていれば差別待遇であることもわかりますが、コース別採用により事務職の女性と営業職の男性との間に賃金格差があっても、問題にはなりません。なぜならこの場合、職種の違いによる賃金格差であり、「女性であること」が理由にはなっていないからです。

このほか、女性の昇進・昇格が遅く、結果として男性との間に賃金格差が生まれているような場合も、ただちに違法とはいえません。その格差が具体的に職務、能力や技能などの差によるものであるかどうかなどの観点から総合的に判断されるからです。

男女同一賃金の考えかた

男女別の賃金体系は許されない

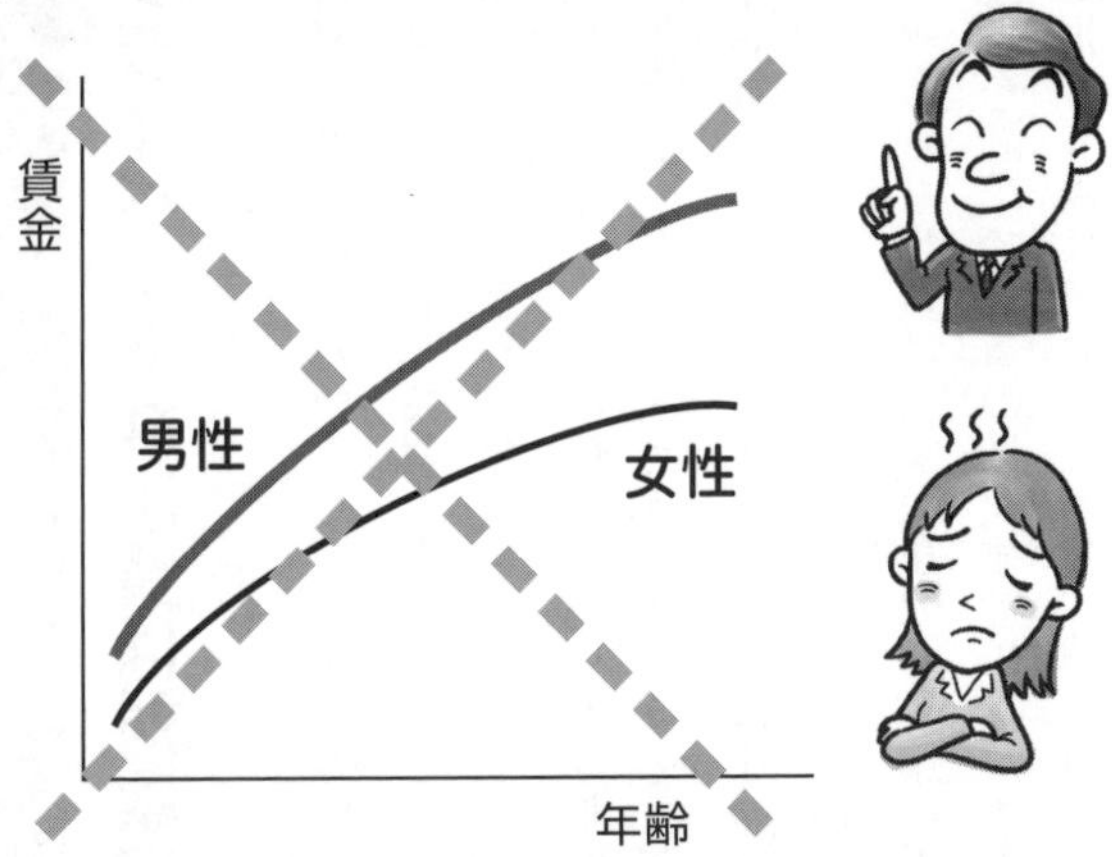

ボーナス・退職金などの査定基準や、諸手当の支給条件に性別での違いを設けることも違法

- 職種別賃金
- 昇進・昇格の結果
- 業績による個人差

など

→ その格差が具体的に職務、能力や技能などの差によるものであるかどうかなどの観点から総合的に判断される

☆差別的取扱いには、不利に取り扱うだけではなく、有利に取り扱うことも含まれる

12 賃金を前払いしてもらえることもある

プライベートな出費は対象にならない

毎月の賃金は計画的に使いたいものですが、つい出費がかさんでしまうこともあり得ることです。そんなとき、会社によっては「前払い」とか「仮払い」といった名称で一定の金額を給料日前に支払ってくれることがあります。

しかしこれはあくまでも会社の任意・恩恵的な制度ですから、権利として請求できるものではありません。会社としては、所定の支給日に支払えば義務を果たすことになるからです。

一方、出産や病気など、特定の費用が必要になった場合には、給料日前の支払いを請求することができます。これを「**非常時払**」といいますが、対象となるのは次ページに掲げる理由に限られ、プライベートな出費は含まれません（第二五条、則第九条）。

また、非常時払を請求できるのは、すでに行った労働に対する金額が上限です。したがって給料日の翌日に非常事態が発生した場合、賃金締切り日からその日までの数日分の賃金しか支払ってもらえないこともあり得ます。

給料日前にも支払いを請求できる場合がある

（第25条、則第9条）

配偶者などの非常時も対象となる

労働者または
労働者の収入で
生計を維持する者の

- 出産、疾病、災害
- 結婚、死亡
- やむを得ない事情による
  1週間以上の帰郷

上記の場合すでに行った労働に対する
賃金の支払いを請求できる

13 減給制裁には金額の制限がある

一回の事案には平均賃金の一日分の半額が上限

賃金はその全額が支払われるのが大原則ですが、税金や保険料、労使が合意した控除が例外であることはすでに述べました（132ページ）。

しかしそれ以外にも、制裁の一種として賃金から一定金額が差し引かれる場合があります。この場合、就業規則に制裁の定めがあることが前提となり、控除金額の上限には制限が設けられています。①一回分は**平均賃金の一日分の半額**以下、労働者の生活を脅かすおそれがあるため、②複数回に及ぶ場合でも一支払期間の**賃金総額の一〇％**まで、というのがそれです（第九一条）。

ここでいう一回とは、一つの事案に対してということですから、重大な規律違反を犯したとしても、何回にも分けて減給することはできません。

一方、複数の制裁によって減給の合計額が賃金の一〇％を超えた場合、当月は上限額以上を差し引くことはできませんが、超過分を翌月（次期の賃金支払期間）に繰り越すことは可能とされています。また、賞与から、減給する場合もその一〇％が上限となります。

減給制裁のルール

就業規則に定めがあることが大前提

懲戒のルール（172ページ）も参照

減給額の上限

①1回につき平均賃金の1日分の半額以下
②合計額は1支払期間の賃金総額の10%まで

例：1日の平均賃金1万円、月給30万円の場合

- 1回の減給は5000円以下
- 合計額は3万円以下
- 5000円の減給制裁が7回以上あっても、当月の減給額は3万円まで

14 会社責任の休業には、手当が支払われる

自宅待機命令も対象になる

会社の所定休日や休暇でもないのに会社が一方的に休業を命じたときには、平均賃金の六〇％以上の**休業手当**を支払ってもらうことができます（第二六条）。

原材料が入手できなかったり、「業績がかんばしくない」という理由で自宅待機をさせる場合には、使用者に責任があるとみなされ、休業手当の支給が義務づけられるのです。

また、新卒や中途採用の内定者に対して自宅待機命令が出された場合も同様です。あらかじめ定めた採用予定日に労働契約が成立したとみなし、自宅待機期間についても休業手当を支払うべきなのです。この場合、問題になるのは平均賃金の算定です。いまだ就労していないのですから、通常の計算方法が使えないためです。

このような場合は、都道府県労働局長が決定するとされていて、具体的には、あらかじめその労働者の賃金が定められているなら、その額から推算します。予定額が定められていない場合は、その事業場で同一の業務に従事した労働者一人平均の賃金額から推算します。

会社理由の休業なら、手当が支払われる

使用者の責任とみなされる休業

- 経営不振・資金調達の困難、会社設備の不備・故障、使用者の故意・過失による休業など

除外される場合

- 天災地変などの不可抗力によるもの
- ストライキによるもの。正当な範囲内のロックアウト
- 健康診断結果に基づく休業命令など、法律に基づくもの

休業手当の金額

- **賃金の全額**（民法第536条）
  ただし、これは請求権を保障しているだけ
- **平均賃金の60％**（第26条）
  労基法による強行規定
- **1日の一部を休業した場合**
  現実に働いた時間に対する賃金と平均賃金の60％との差額

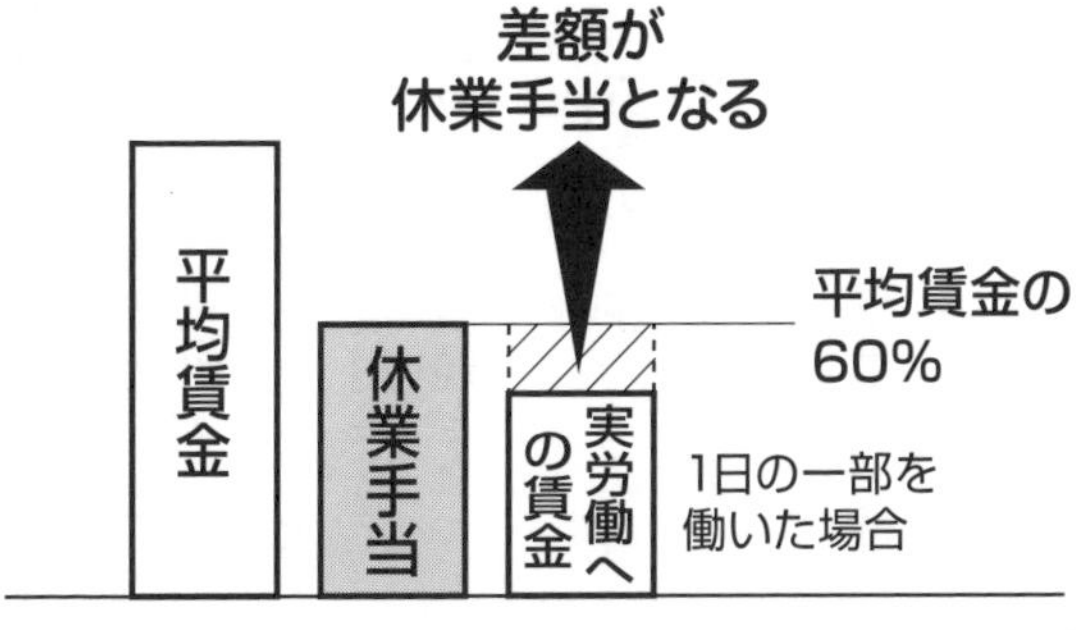

COLUMN

ヒトコト労働法⑥

労働者派遣法

派遣労働とは、雇用主と使用者が異なる就業形態です。

一九八六年に制定された労働者派遣法は、雇用主（派遣元）と使用者（派遣先）の責任を分け、それぞれに適用される法律や責務を規定している点がポイントです。

すなわち、労基法・安衛法などの各条文のどれがどちらの責任になるのか、派遣元・先それぞれが労働者に対して行う義務はなにかを明確にして、就業条件の整備を図っているのです。

また同時に、派遣業務の範囲、派遣期間、派遣事業を行うにあたっての手続きなど、事業の適正な運用を確保するための細目も定めています。

当初、派遣労働は、労働者にとって自由な働き方ができる労働形態として発足しましたが、雇用の調整弁とされ、労働コストの削減に使われることが多くなり、派遣労働者の雇用の安定や雇用条件の改善が大きな課題となっています。

そのため二〇一五年の改正では派遣先、派遣元双方に雇用安定措置を講ずることが義務づけられました。さらに、二〇二〇年からは派遣元事業主に派遣先労働者との均等・均衡待遇または一定の要件を満たす労使協定による待遇の確保が義務づけられます。

パート7 社内ルールに精通しよう

「業務命令」がすべてを
正当化するわけではない。
なにげなく受け入れていることでも
法律がルールを定めている場合は多い。

1 業務命令に従わなければならない理由

会社には人事権がある

募集から採用、労働条件の決定や解雇にいたるまで、労働者に対する命令や決定は、会社の**人事権**として強制力を持っています。もちろん法律の範囲内であることが絶対条件ですが、そもそも人事権とは何かを考えてみることにしましょう。

まず一つは、経営権に属するものがあります。労働者の募集・採用は経営計画に基づくものですから、労働組合や労働者に意見を聴くことはあっても、それに拘束されることはありません。人事権のもう一つの根拠となるのが就業規則です。就業規則に対しては、労使ともに遵守義務を負いますが、これによって人事異動や賃金の決定、懲戒や解雇といった命令に強制力が備わるわけです。

とはいえ、合法的な人事権の発動であっても、常に効力を持つとは限りません。権利の濫用はこれを許さず、という民法の大原則（第一条）が適用されるからです。つまりどんな命令でも、それが客観的・合理的であるか、労働者の事情はどうかを考慮する必要もあるわけです。

人事権に基づいた業務命令の数々

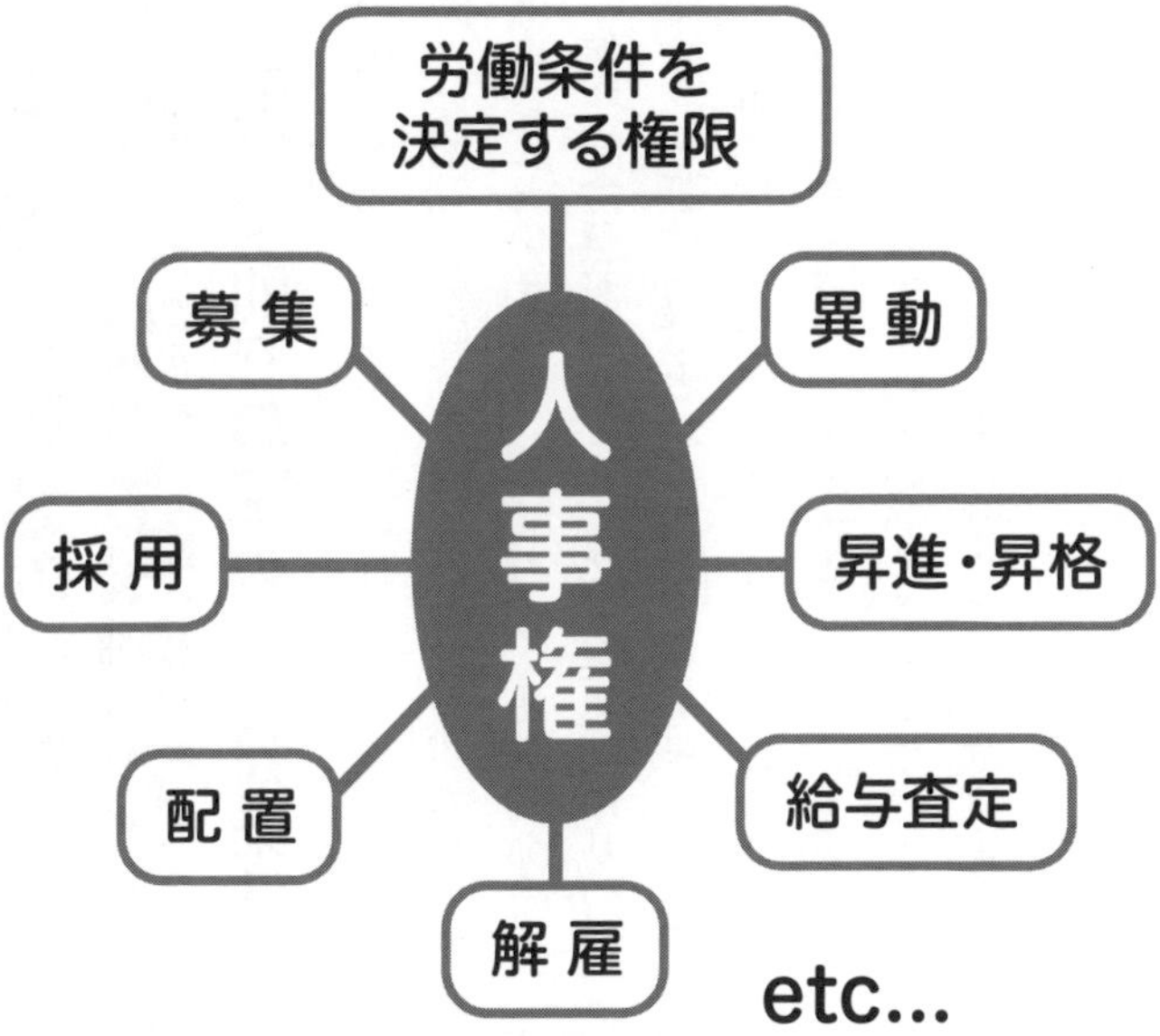

●就業規則が根拠になる
●ただし、権利の濫用は許されない
（特に労働者が不利益を被る場合）

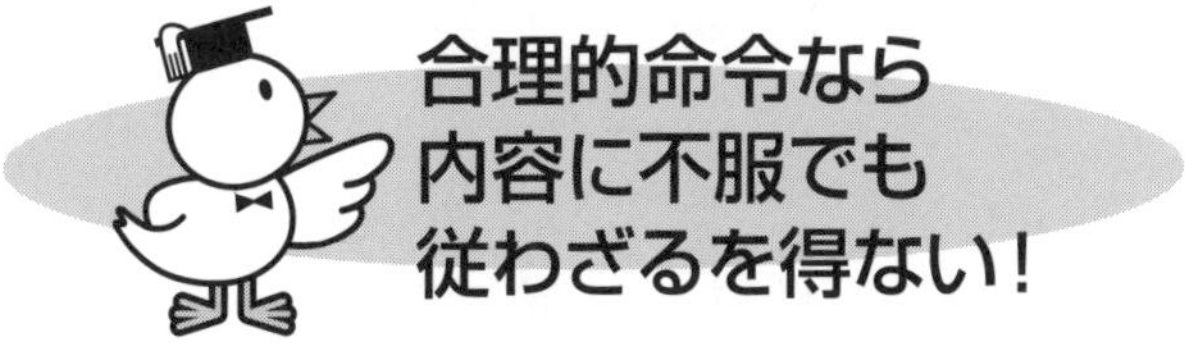

2 人事異動命令にはどこまで強制力があるのか

就業規則での定めが絶対条件

人事権の問題が表面化しやすいのは、なんといっても**人事異動**をめぐる命令でしょう。人事異動には配転、転勤、出向などの種類がありますが、極めて個人的かつ重大なものですから、当然のことといえます。いずれの人事異動命令も、正当性が認められるのは、①雇用契約において**包括的合意**があること、②就業規則に基づいていること、の二つの条件を満たしている場合です。包括的合意というのは、そもそもの雇用契約で職種や勤務地域が限定されていなければ、人事異動について了承しているとみなされるというものです。さらに就業規則などの「必要なときは従業員に配置転換を命ずることがある」（包括的同意条項）という内容の規定が、その命令に対して業務上の必要性を裏づけることになります。

したがって、こうした手続きに基づく人事異動命令が公平・公正に発動されれば、労働者は従うべき契約上の義務を負うことになります。ただし、労働条件が著しく不利になる場合には、なんらかの代替措置を設けるなど配慮をして、本人の合意を得る必要が生じてきます。

人事異動命令を考える

社内異動の種類

配転	営業職から人事部門へなど、職務内容そのものが変わる
転勤	本社から支店へなど、勤務地が変わる。職務内容の変更を伴うこともある

合理性のチェックポイント

◆労働契約に記されているか（職務を限定されていないか）

◆就業規則に定めてあるか（運用のルール）

◆公正に運用されているか（人選の公平性、業務上の必要性など）

◆著しい不利益が予想されないか（大幅な賃金ダウン、通勤条件の著しい悪化など）

☆採用職務が限定されていれば、
配転には本人の同意が必要

3 転籍出向には本人の同意が必要

出向は企業内の配置転換とは根本的に異なる

前項で述べたように、労働者には原則として人事異動命令に従う義務があるわけですが、社外への配置転換である「出向」については慎重に対処しなければなりません。

出向には**在籍出向**と**転籍出向**の二種類があり、前者は従来の会社との雇用関係を残し、勤務場所が別会社になるというものです。これに対して転籍出向は、従来の会社をいったん退職し、別会社に再就職することになります。つまり、それまでの労働条件が白紙に戻るほどのインパクトがあるわけです。企業内の配置転換とは異なり、転籍出向命令が正当と認められるには、雇用契約の包括的合意だけでは十分ではなく、本人の同意が必要になります。

なお、配転や転勤など、定期的な人事異動についても、労働者に正当な理由があればこれを強制することはできません。なにが〝正当な理由〟かはケースバイケースですが、家庭の事情や健康上の理由、業務内容が過去のそれに比べて著しく異なる、といったものが考えられます。労働契約法でも、「権利濫用と認められる出向命令は無効」（同法第一四条）と明記しています。

出向には2つの種類がある

在籍出向	本来の会社に籍を残して、出向先会社で働く。元の会社に戻る可能性もある
転籍出向	本来の会社を退職し、出向先会社で働く。再就職と考えてよい

★合理的な出向命令とは

◆個別労働契約に包括的合意があること
◆就業規則に定めてあること
◆業務上の必要性があること など

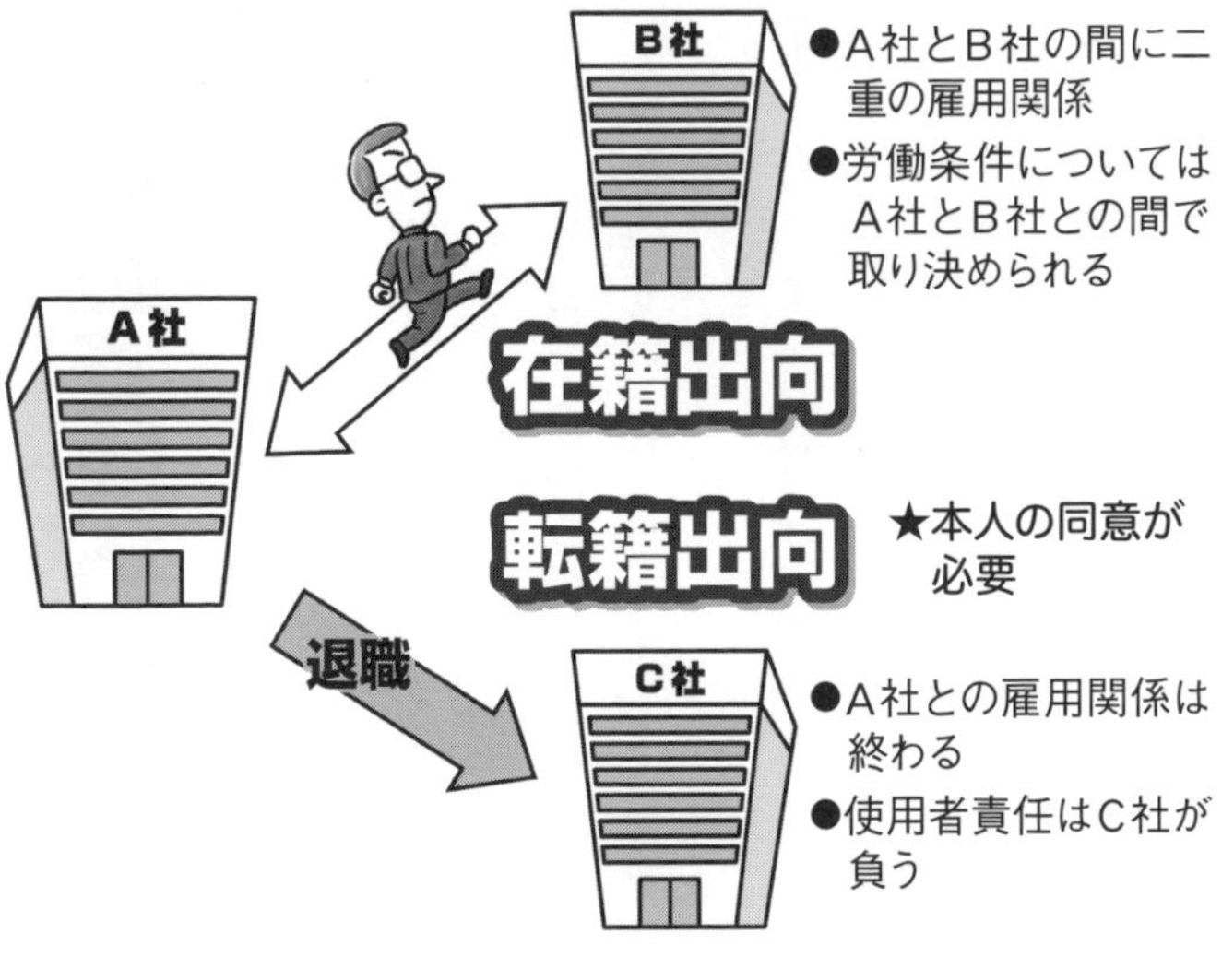
B社
●A社とB社の間に二重の雇用関係
●労働条件についてはA社とB社との間で取り決められる
A社
在籍出向
転籍出向
★本人の同意が必要
退職
C社
●A社との雇用関係は終わる
●使用者責任はC社が負う

4 昇進・昇格は会社の裁量で決められる

公平・公正な運営が前提とされる

平社員から主任、係長など、職位（役職・ポスト）が上がることを**昇進**、賃金計算の基礎（等級）を上げることを**昇格**といいます。通常は役職が上がれば賃金も上がりますので、昇進に昇格はつきものですが、昇格しても役職や業務内容に変化があるとは限りません。

また、反対に成績不振や懲戒として役職や賃金の水準を下げられる場合は、それぞれ**降職・降格**と称されます。

いずれも人事権の範囲ですから、公平・公正に運営されている限りは法律の介入する余地はありません。勤続年数などに応じた昇進・昇格が義務づけられているわけではないのです。

ただし、次のような場合には違法行為にあたることになります。

- ●労働組合員に対する昇進・昇格のペースが遅い　不当労働行為
- ●男女の査定基準が異なる、昇進に上限がある　均等法違反
- ●懲戒の妥当性を逸した降格処分　権利の濫用

昇進・昇格の基本的しくみ

年功的昇進の例

平均勤続年数	昇進最低年齢	役職名（例）	等級	滞留年数
0年	22歳	ー	1	ー
～3年	24歳	主任補佐	2	1年
～5年	25歳	主任	3	2年
～7年	27歳	係長	4	3年
～10年	30歳	課長補佐	5	5年
～15年	35歳	課長	6	5年
～20年	40歳	副部長	7	5年
～30年	50歳	部長	8	ー
～30年	50歳	役員待遇	9～	ー

※滞留年数を勤めあげることが上位役職への昇進条件となる

賃金アップのしくみ

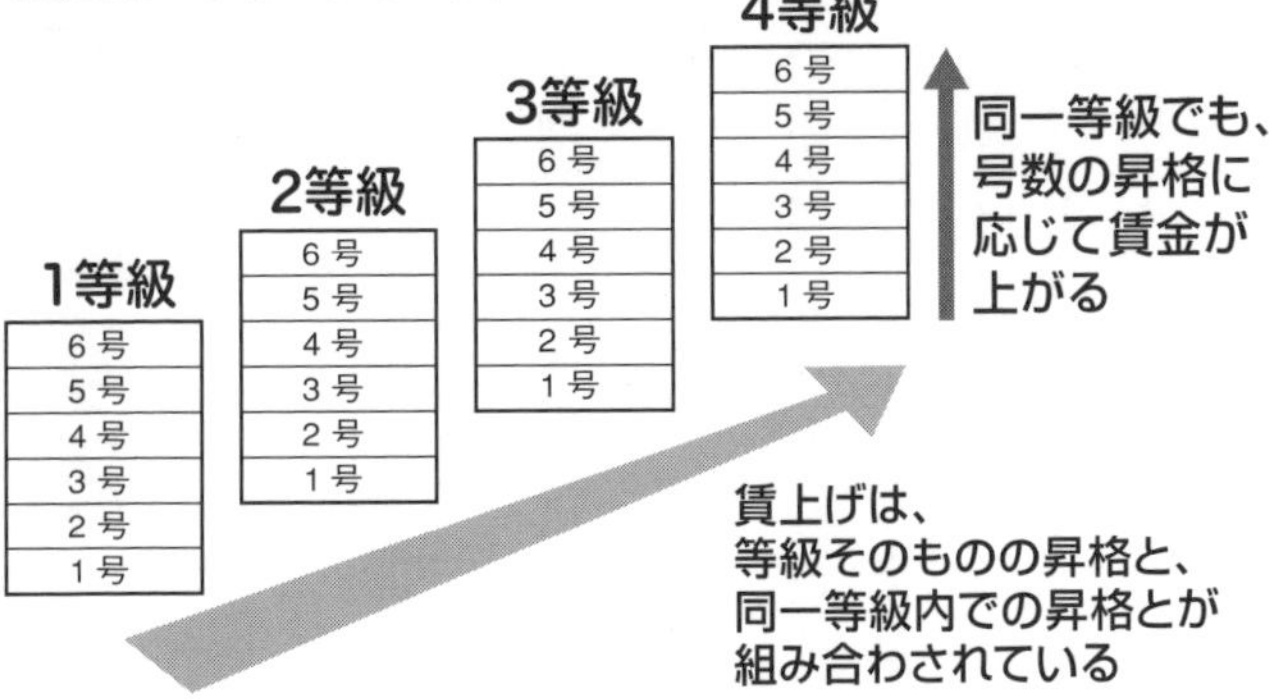

5 仕事中のケガにはこう対応する

労災申請に会社の許可はいらない

仕事上の事由や通勤によるケガや病気、障害、死亡など（以下「**労災**」と総称）への補償は、労災保険法が詳細を定めていますので、ここでは簡単な概要を述べるだけにします。

まず、労災保険はあらゆる事業場に**強制適用**され、そこで働く労働者はすべて自動的に被保険者となります。したがって、会社が手続きを忘れていたとか、私はアルバイトだから、といった一切の事情とは無関係に、労災に対する補償は完全に受けられるのです。

問題の焦点はただ一つ。仕事または通勤中の事故やケガなどが労働災害かどうか、ということだけで、その認定は労基署が行います。通常、労災の申請手続きは会社がしてくれますが、本来は労働者本人が行うものなのです。これは逆にいうと、労災の疑いがある場合には会社の許可などを得ることなく、本人が直接労基署に申請すればよいということになります。

なお、労災休業期間（通勤災害を除く）とその後三〇日間は、労働者を解雇することは、労基法第一九条で禁止されています。

労災保険の基礎の基礎

労災認定には2つの条件がある

第1条件 業務遂行性	労働者が労働契約に基づき事業主の支配下にあること。簡単にいうと、仕事中であること
第2条件 業務起因性	業務と災害の因果関係。死傷病の原因が仕事にあること

労災保険の種類と給付内容

名称	補償内容
療養補償給付	ケガや病気の治療を無料で受けられる。立替払いした場合は、後日その代金が支給される
休業補償給付	労災療養のため休業し、賃金がもらえない場合、平均賃金の80%（休業特別支給金を含む）を補償
障害補償給付	体に障害が残った場合、その重さに応じて年金か一時金を支給
遺族補償給付	労災で死亡した遺族への給付
葬　祭　料	葬儀を行う人（通常は遺族）への一時金
傷病補償年金	治療の開始後、1年半を経過しても治らず、一定の障害がある場合の年金
介護補償給付	障害または傷病補償年金を受けており、介護が必要な場合の費用

※なお、通勤中の死傷病＝通勤災害にも上記とほぼ同様の補償が受けられますが、それぞれの名称は療養給付・休業給付・障害給付・遺族給付・葬祭給付・傷病年金・介護給付となる

6 会社には安全配慮義務がある

安全確保の内容は心身両面にわたる

労働災害に対しては労災保険の補償が給付されますが、事故の未然防止がなによりも大切なことはいうまでもありません。経営者には、事故防止に努める義務＝**安全配慮義務**があり、この義務を怠ったために労働者が損害を被ったときは、事業主は損害を賠償する義務を負うことになります。

安全配慮義務の内容は、広範囲にわたっています。基本的な考えは、事業主には労働者の生命・身体の安全を保護する義務がある（川義株式会社事件　昭和五九・四・一〇　最三小判）というものです。

そして近年サービス業の発展にともない製造業などに多い身体的危害に加え、過労自殺などの精神衛生面が問題となり、心身両面にわたる具体的な配慮が必要、と考えられるようになっています。

これらを踏まえ、二〇〇八年三月に施行された労働契約法では、安全配慮義務が条文化されました（同法第五条）。

仕事上の危険排除にあらゆる努力を尽したことを会社が証明できなければ、**債務不履行責任**（民法第四一五条）が問われることになります。

使用者は安全確保に全面的な責任を負う

●安全配慮義務についての最近の判例

電通事件（平成12・3・24　最二小判）

「使用者は、その雇用する労働者に従事させる業務を定めてこれを管理するに際し、業務の遂行に伴う疲労や心理的負荷等が過度に蓄積して労働者の心身の健康を損なうことがないよう注意する義務を負う」

●労働契約法の規定

使用者は、労働契約に伴い、労働者がその生命、身体等の安全を確保しつつ労働することができるよう、必要な配慮をするものとする（第5条）

●安衛法が定める主な事業者の義務

①安全衛生管理体制	責任者を任命し、安全および衛生確保に組織的に取り組むなど
②危険防止基準	高所作業や潜水作業など、危険度の高い業務の作業基準を守るなど
③機械や有害物などに関する規制	機械設備による事故防止、有害物の取扱い基準を守るなど
④安全衛生教育、資格、免許	事故防止に向けた安全衛生教育を行うことや、資格、免許を持つ者以外を一定業務に就かせないこと
⑤健康保持増進	健康診断を行い、その結果に基づき、配置転換や作業軽減などの対策をとる、作業環境測定を行うなど
⑥快適な職場環境づくり	防音・空調・照明など、職場環境の改善に努める

7 懲戒には公平・公正な運用が求められる

不当処分は権利の濫用として無効になる

懲戒処分の内容は会社によってさまざまですが、①**けん責**、②**減給**、③**出勤停止**、④**降職・降格**、⑤**解雇**、の五種類に大別することができるでしょう。

これらは人事権の一部として、その行使が使用者に認められているわけですが、次のような要件を満たしていることが大前提となります。

すなわち、①懲戒処分が就業規則に定められていること、②処分の重さが正当であること、③公平に運用されていること、の三要件です。

このほか運用面のルールとして、適正な手続きをとること、一つの懲戒処分について、処分後に再度処分をするという二重処分は禁止、といったことも覚えておく必要があります。

このように懲戒処分にはいくつもの規制があり、就業規則に定められているからといって、ただちに実施できるというものではありません。仮に、以上のようなルールに従わずになされた懲戒処分は、権利の濫用として無効になります（労契法第一五条）。

懲戒処分について知っておきたいこと

— 懲戒処分の根拠 —

どのようなとき・どのような手順で・どんな処分を
就業規則などに必ず定められている

主な懲戒の区分と内容

処分	内　容
けん責	過ちを繰り返さないように戒める。口頭だと単なる注意とも思えるが、始末書の提出を命じられれば明らかに制裁
減　給	罰金のようなもの。1回につき平均賃金の1日分の半額、1賃金支払期間で賃金総額の10分の1を超えてはならないという制限（154ページ）があることを覚えておく
出勤停止	一定期間の出勤が禁止される。通常、その間の賃金は支払われない。この場合、ノーワークノーペイの原則が適用されるので、減給制裁とは意味が異なる
降職・降格	役職・階級（等級）を下げる。ある程度の肩書きがあるクラスが対象の場合が多い。通常は役職が下がれば、賃金も下がる。かなり厳しい処分
解　雇	**諭旨解雇**　懲戒解雇に準じるが、本人のこれまでの業績や情状を酌量して“自己都合退職”と同等の条件で解雇する
	懲戒解雇 制裁の厳罰。退職金は不支給または減額される場合が多い。即時退職を命じられることも。ただしそれだけに、運用には多くの規制もある（204ページ）

公平・公正な運用、適正な手続きが必要なことも忘れてはならない！

8 セクハラ・マタハラを正しく理解する

防止への取組みはそこからはじまる

セクハラとは、セクシュアルハラスメントの略で、性的嫌がらせという意味です。具体的には、職場における性的な嫌がらせにより不利益を被った場合、たとえば、上司から性的な関係を強要され、断ったため解雇されることや、職場において行われる性的な言動により就業環境を害されること、たとえば、同僚が体に触るため従業員が苦痛に感じ就業意欲が低下したことなどをいいます。セクハラの認定には本人の主観が重視されるのはもちろんですが、一定の客観性も求められます。

一方、マタハラはマタニティハラスメントの略で、妊娠、出産、育児に関し行われる嫌がらせのことを指します。具体的には、従業員が妊娠や育休の取得申し出を行ったことを理由として事業主が解雇等の不利益な取扱いをすることや、上司、同僚からの言動により妊娠した女性労働者や育休取得を申し出た男女労働者の就業環境が害されることを言います。妊娠、出産、育休の取得などを契機とし、従業員に行った不利益取扱いは原則すべて違法とされます。

セクハラ・マタハラの定義と対象労働者

セクハラの定義

- 職場における
- 相手方の意に反する性的な言動に対し
- 相手方の対応（拒否など）により

→

① 労働条件について不利益を受ける
② 就業環境が害される

マタハラの定義

- 妊娠・出産したこと
- 産前産後休業、育児休業等の申し出や取得したこと等を理由とした

→

① 解雇等の不利益な取扱い
② 上司や同僚からの言動によるいやがらせ

対象労働者

正社員のみならず、パートタイマー、有期雇用契約社員、派遣社員も含まれる

9 セクハラ・マタハラ対策は会社の義務

ハラスメントのない職場へ

セクハラ・マタハラ防止は、個人個人が言動に気をつけるというレベルではもはや不十分です。現在では均等法が改正され、会社の取組みがよりいっそう強化されています。すなわち、セクハラ・マタハラ防止のために**事業主は必要な対策を講じなければならないこと**が明記され（均等法第一一条、第一一条の二）、これに基づいた指針で具体策が示されています（次ページ参照）。また、これまでは対象外だった男性に対するセクハラ・マタハラも法律で保護されることになりました。もちろん、正社員だけでなくパート・アルバイト・派遣労働者も対象となります。

二〇一七年に施行された改正均等法では、事業主にセクハラに加えマタハラ防止措置を講ずる義務が課せられました。これにより、会社のハラスメント防止に対する一層の取組み強化が求められます。これらの防止措置は、企業の規模や職場環境にかかわらず、すべての企業に義務づけられています。安心して働ける環境を整備することは生産性の改善にも重要です。

職場のセクハラ・マタハラ防止のために

業種・規模を問わず、あらゆる企業に義務づけられている

事業主が講じなければならない具体策

(1)	事業主の方針の明確化、その周知・啓発	①セクハラ・マタハラの内容、あってはならない旨の方針の明確化と周知・啓発 ②行為者への厳正な対処方針、内容の規定化と周知・啓発
(2)	相談・苦情に応じ、適切に対応するために必要な体制の整備	③相談窓口の設置 ④相談に対する適切な対応
(3)	事後の迅速かつ適切な対応	⑤事実関係の迅速かつ正確な確認 ⑥被害者に対する適正な配慮の措置の実施 ⑦行為者に対する適正な措置の実施 ⑧再発防止措置の実施
(4)	原因や背景となる要因を解消するための措置（マタハラ）	⑨業務体制の整備など、実情に応じた必要な措置
(5)	(1)～(3)と併せて講ずべき措置	⑩当事者等のプライバシー保護のための措置の実施と周知 ⑪相談、協力等を理由に不利益な取扱いを行ってはならない旨の定めと周知・啓発

10 職場でいじめ・嫌がらせにあったら

パワーハラスメントとは

最近の労働相談で最も相談件数の多いのが「いじめ・嫌がらせ」（いわゆる**パワーハラスメント**、パワハラ）です。二〇一二年に厚生労働省のワーキンググループがまとめたところによれば、職場のパワハラとは「同じ職場で働く者に対して、職務上の地位や人間関係などの職場内の優位性を背景に業務の適正な範囲を超えて精神的・身体的苦痛を与えるまたは職場環境を悪化させる行為」としています。また、行為類型は、①暴行・傷害、②脅迫・名誉毀損・侮辱・ひどい暴言、③隔離・仲間はずし・無視、④業務上明らかに不要なことや遂行不可能なことの強制、仕事の妨害、⑤業務上の合理性なく、能力や経験とかけ離れた程度の低い仕事を命じる、仕事を与えない、⑥私的なことに過度に立ち入る、と整理されています。

万一被害にあったら、まずは自身の安全と健康を確保してください。そのうえで、パワハラの証拠を記録しておき、加害者を監督する立場にある監督者、人事部門あるいは相談窓口に相談して改善を求めます。改善されない場合は次項にある公共機関に相談してみてください。

パワハラ加害者が問われる可能性がある法的責任

加害者本人が問われる法的責任

- パワーハラスメントによって、被害者が名誉・プライバシーを侵害されたり、心身の健康を損なったり、職場にいられなくなって退職を余儀なくされた場合、加害者に不法行為に基づく損害賠償責任（民法第709条）
- パワーハラスメントのうち、直接的な暴力は刑事責任
- 会社の就業規則にパワーハラスメントによる職務規律違反が懲戒規定にある場合は懲戒処分

加害者を雇用している企業が問われる可能性がある法的責任

- 雇用している者の職務遂行に関連した不法行為によって発生した損害は雇っている企業も連帯して責任を負う（民法第715条）
- 安全配慮義務違反（労契法第5条）

  使用者は労働契約に伴い、労働者がその生命、身体等の安全を確保しつつ労働することができるよう、必要な配慮をするものとする
- パワハラ防止対策の法制化

  セクハラ・マタハラに加え、パワハラ防止の対応を企業に義務づける法制化が検討されている

11 トラブル解決に公共機関を利用する

労基署は最も身近な窓口だ

職場でのトラブルがさまざまであるように、その対策も一つではありません。問題がこじれ、最終的には裁判で決着をつけなければならないこともあるでしょうが、より身近な援助機関もあります。

労基法（労災保険法・安衛法を含む）関係のトラブルについては、まず所轄の**労働基準監督署（労基署）が窓口**になりますが、その職権で解決できない分野については、**都道府県労働局長**に対して、個別労働紛争の防止・解決に向けた援助を申請することができます。

これは「個別労働関係紛争の解決の促進に関する法律」に基づくもので、すべて無料であり、情報提供・相談・あっせんが主な内容になっています。

また、各労働局の**雇用環境・均等部（室）**は、男女の均等取扱いなどの問題の窓口になっています。均等法をめぐるトラブルについては、労働者が申請するだけでも、労働局長の助言・指導・勧告、または紛争調整委員会の調停を受けることができます。

個別紛争の解決に労働局を利用する

個別労働紛争解決制度の内容

①総合労働相談コーナーでの情報提供・相談	法令や判例についての無理解・誤解に基づく紛争を未然に防止するため、あるいは紛争を早期に解決するため、労働局などに設置された「総合労働相談コーナー」で関連情報の提供や相談を受けることができる 相談内容は、労働条件をはじめとして労働問題全般に関する事項
②労働局長の助言・指導	実際に紛争状態にある場合、個別の問題点と解決の方向性を都道府県労働局長に示してもらえる 一定措置の実施が強制されるわけではないが、 賃下げ・解雇・配転・いじめなど、複雑な問題を解決するための具体的な方策を探ることができる
③紛争調整委員会によるあっせん	紛争当事者からの申請を受け、弁護士などの学識経験者で構成される委員会が労使双方の主張を確認し、紛争の円満解決を図る あっせん案に双方が合意すれば、民事上の和解契約同等の効力を持つ。手続きが簡単で、プライバシーも保護される

雇用環境・均等部（室）を利用する

採用面接から職場での男女差別、セクハラについての相談・助言を受けられるとともに、紛争が生じた場合には、労働局長による援助（助言・指導・勧告）や紛争調整委員会による調停を求めることができる
相談内容の幅が広く、個人で利用できるのが特徴

COLUMN

ヒトコト労働法 ⑦

パート労働法

パート労働法は、パートタイマー（短時間労働者）がその能力を一層有効に発揮することができる雇用環境を整備するとともに、多様な就業形態で働く人々がそれぞれの意欲や能力を十分に発揮でき、その働きや貢献に応じた待遇を得ることのできる「公正な待遇の実現」を目指し、一九九三年に施行されました。

パート労働法では、働き方改革関連法による改正の前から既に①職務内容、②職務内容・配置の変更範囲、③その他の事情の三つを考慮してパートタイム労働者と正規労働者との不合理な待遇差を禁止しています。

二〇二〇年（中小企業は二〇二一年）施行の改正後は、そこに有期雇用労働者が含まれ、名称もパート・有期労働法（短時間労働者及び有期雇用労働者の雇用管理の改善等に関する法律）となります。つまり、フルタイムで働く有期雇用労働者にも改正法が適用されることになります。

また、「不合理な待遇差」を判断する内容も基本給、賞与、役職手当、食事手当、福利厚生、教育訓練などと明確化されます。

従来、均等待遇規定が適用されなかった有期雇用労働者の方には特に大きな影響があるでしょう。

パート8 退職と解雇には今から備えておく

いずれは誰もに訪れる退職日。
しかし、不本意な退職は決して
他人事ではない。
イザという事態に備えておけば、
現在を、そして将来を支えてくれる。

1 労働者には退職の自由がある

就労自体を強制されることはない

期限つきの雇用契約であれ、定年までの雇用が約束されているものであれ、原則として労働者にはいつでもどんな理由でも退職する自由があります。前者の場合、契約違反を理由に損害賠償を請求される可能性もありますが、「首に縄をつけて」といった具合に強制されることはありません。会社に与えた損害や前借金を返済するまで退職させないといった扱いも、**強制労働の禁止**（34ページ）に触れるため、許されません。

また、期間の定めがない雇用契約の場合は、原則として退職の**意思表示から二週間**が経過すれば効力が発生しますが、月給制の場合では効力発生に一カ月半程度かかることもあります（民法第六二七条）。就業規則の中には、退職申出には三カ月程度の期間を設けているものもありますが、強制力はないわけです。民法の定めよりも長い期間を定めて、その時点で退職の効力が発生するというのは無効となり、逆に民法の定めよりも短い場合は有効となります。もちろん、もう一方の契約当事者である使用者が認めるのであれば、即時退職も可能です。

退職の一般ルール

**憲法第22条は職業選択の自由、営業の自由を保障
すなわち退職の自由を保障している**

契約期間に定めがない場合

- **申出から2週間を過ぎれば雇用契約は終了する**

※ただし月給制のような場合には、その賃金計算期間の前半に退職を申し出た場合は、その期間の終了日に、後半で申し出たら次の期間の終了日に雇用契約が終了する　（民法第627条）

契約期間を定めている場合

- **やむを得ない理由でなければ、一方的な途中解約は損害賠償請求の対象になり得る**　（民法第628条）
- **労働契約期間の上限が３年の労働者は、契約開始から1年を過ぎればいつでも退職できる**（労基法第137条）

**いずれにせよ、意に反する
就労自体を強制されることはない**

2 退職願は口頭でも効力がある

受け入れられれば撤回は難しい

退職願については、所定の書式を用意している会社もありますが、その申出は、書面であれ口頭であれ、効力に違いはありません（契約の解除＝民法第五四〇条）。人事権を持つ役職者に**退職の意思**が通じさえすれば、その後二週間を経て雇用契約は終了することになります。

逆にいうと、申し出た時点から法律行為が進行しますので、途中で考えが変わっても撤回できないのが原則です（同条第二項）。

ただし、退職願は「合意解約の申入れ」と解され、労働者と使用者の両者の意見が合致すれば退職が成立するので、使用者が承諾の意思表示をする前であれば、退職願を撤回することができます（白頭学院事件　平成九・八・二九　大阪地判）。また、錯誤による場合は無効となり（民法第九五条）、詐欺または脅迫による場合は取り消すことができます（民法第九六条）。

とはいえ口頭で伝えただけだから、と軽く考えていると取り返しのつかないことにもなりかねませんので、退職の申出は慎重に考えてからにしたいものです。

退職願は撤回できるか

— 退職願の効力 —

書面でも口頭でも、本意であれば法律的効果が生じる

判例に見る退職願の性質

合意解約の申入れ

●労働者と使用者の両者の意思が合致すれば退職が成立

●退職に会社の同意は必要ないが、ひとたび受け入れられれば一方的に撤回はできなくなる

退職の承諾の判断ポイント

●人事権を持つ役職者があなたの真意を確認して了承した

●あなたの退職を公表し、人事異動計画を示した

●あらたに代替要員を確保した

など

撤回が認められる場合

●真意の退職願ではなく、その相手方が真意でないことを知っていたか知ることができた場合　（民法第93条）

●錯誤による場合（民法第95条）

●詐欺または脅迫による場合（民法第96条）

3 これだけの書類は用意してもらおう

退職証明書や保険手続きは忘れてはならない

退職にあたっては勤務期間などを記した証明書を発行してもらえますが（第二二条）、解雇予告（196ページ）を通知された場合には解雇前でも**解雇理由の証明書**について請求できます（同条第二項）。ここにいう証明書とは、再就職をする場合に利用する前歴証明ともいうべきもので、①使用期間、②業務の種類、③地位、④賃金、⑤退職の事由（解雇の場合はその理由を含む）、が請求できる項目になります。

こうした証明書は後にトラブルが生じたときに明暗を分ける証拠となりますので、交付された時点で内容に誤りがないかどうかを確認しておきましょう。

また、これらすべてを記載してもらう必要はなく、あなたが望むものだけを請求すればよいことになっています。このほか、再就職が決まっていない場合、雇用保険の基本手当受給に必要な書類（**雇用保険被保険者離職票**（通称・離職票）と、会社が預かっていれば**雇用保険被保険者証**）の請求も忘れないでください。

退職時にしておきたいこと

退職証明書を発行してもらおう

退職証明書

①勤務期間　入社年月日〜退職年月日
②業務の種類　複数の職種経験があれば、それぞれの期間も
③地　　位　〃
④賃　　金　退職直前の賃金額、該当等級など、その根拠も
⑤退職事由　契約期間の満了、自己都合退職など
⑥解雇理由　具体的に示すこと

会社に文書交付の義務がある項目

雇用保険の手続きも忘れない

離職票の交付 ▶	基本手当受給に欠かせない。通常退職後10日以内に会社から送られてくる
被保険者証の確認 ▶	会社に預けてある場合は返却してもらう

賃金などはしっかり請求する

賃金や社内預金、各種積立金などは退職日から7日以内に、退職金については就業規則などで定められた支払時期に支払ってもらう

4 六五歳まで雇用しなければならない

男女別定年制はもちろん許されない

正社員の雇用契約では、期間の定めのない契約を結ぶのが普通とはいえ、無期限に働けるわけではありません。これに終止符を打つのがいわゆる定年制で、一定の年齢を迎えれば雇用契約は自動的に消滅することになります。

定年制はみなさんにもなじみ深いでしょうが、二つの注意点は押さえておきましょう。まず一つは**男女別定年制**は許されない、ということです。これについては古くから判例が示されていますし（伊豆シャボテン公園事件　昭和五〇・八・二九　最三小判など）、均等法でも禁止されているところです（均等法第六条）。

もう一つは、**六〇歳未満**の定年年齢は認められないということです（「高年齢者等の雇用の安定等に関する法律」）。さらには公的年金の支給開始が六五歳に移行しつつある現在、六五歳までの雇用が企業の義務になっています。具体的には、①定年年齢の引上げ、②継続雇用制度の導入、③定年廃止のいずれかにより段階的に六五歳までの雇用を確保しなければなりません。

定年制に関する知識を深める

定年制の原則

男女別の年齢設定は許されない

結婚・出産退職に退職金を上積みするのは、たとえ善意であっても女性だけへの早期退職勧奨として均等法違反の可能性が高い

定年年齢は60歳が最低ライン

60歳未満では制度自体が無効となり、定年を理由として退職させられなくなる。さらに、段階的に65歳までの雇用確保が必要。パートタイマーも同様

65歳までの雇用確保措置とは

以下のいずれかの措置をとること

①定年年齢の引上げ

②継続雇用制度の導入

③定年廃止

5 解雇にはルールがある

合理的理由がなければ解雇はできない

労働者にはいつでも退職できる権利があるのに対し、使用者からの契約解除、すなわち解雇にはいくつもの制限があります。会社対個人という力関係を考えれば当然ともいえますが、現実には「態度が気に入らない」といった理不尽な理由で解雇されるなどトラブルが多いことから、二〇〇三年の労基法の改正により**解雇ルール**が明文化されました。さらに二〇〇八年には、労働契約の基本的ルールを定めた労働契約法のスタートに伴い、労基法から移行され、「解雇の権利濫用は無効」（同法第一六条）と規定されています。

これは、過去に解雇をめぐって争われた複数の裁判例によって確立している「解雇権濫用法理」を法律に明記したものです。解雇に関する一般的な原則が明確にされたことで、合理的な理由のない解雇が少なくなると期待されています。

解雇をめぐっての紛争が生じた場合、行政による「個別労働紛争解決制度」（180ページ）を活用することができます。

解雇権の濫用は許されない

解雇（労契法第16条）

解雇は、客観的に合理的な理由を欠き、社会通念上相当であると認められない場合は、その権利を濫用したものとして、無効とする

「客観的に合理的な理由」とは

- **労働者の側に原因があるもの**
  勤怠不良、能力不足、服務規律違反、重大な経歴詐称、犯罪行為など
- **会社の側に原因があるもの**
  経営不振、倒産など

就業規則に定めてあることが大前提

※解雇理由が客観的・合理的であることは使用者が証明するケースが多い

「社会通念上相当」とは

- **解雇が妥当なほど重大な理由である**
- **解雇に至るまでの会社側の対応が適切であった**

判例*で確立した「解雇権濫用法理」が明文化されたもの

*日本食塩製造事件　昭50·4·25、
高知放送事件　昭52·1·31など

ただし、解雇の効力は最終的には裁判所で判断される

6 どのような解雇に正当性が認められるのか

整理解雇は単なる経営不振では不十分

解雇には合理的な理由が必要であることが労働契約法に明文化されているわけですが、具体的な項目は示されていません。

というのは、実際の解雇命令が有効かどうかを最終的に判断するのは、**裁判所の役割**だからです。

会社の解雇権は就業規則などの定めが根拠になりますが、規則さえあれば常に有効になるかというと、決してそうではありません。

たとえば**整理解雇**の場合「経営状況が悪化したときは整理解雇する場合がある」といった規定があるとしても、不況を整理解雇に結びつけるには、相当の合理性が求められます。整理解雇しなければ会社の存続が危ぶまれるほどに深刻な経営不振であること、経営体制の建て直しに最大限の努力を払っていることなどの客観的事実があり、そのうえで「やはり人員削減が必要」という場合に認められるものなのです。

整理解雇について考える

基本要件

就業規則の定めが大前提

- 普通解雇
- 整理解雇
- 懲戒解雇

→ それぞれの条件が明示されていること

整理解雇の合理性の判断ポイント

①必要性	深刻な経営危機にあり、建て直しには人員整理が不可欠と認められるか
②回避措置	役員報酬の不支給・減給、人事異動、新規採用抑制など、解雇を防ぐための措置に最大限の努力がなされたか
③人選・運用	特定の性別、組合員だけを対象にしていないか。公平・公正な基準があるかどうか
④説明・協議	解雇の前に①～③について労働者などへ説明、協議があったかどうか。本人の営業成績不良が理由なら、教育・指導がなされたか

整理解雇の結論

制度・手続きの整備に加え、上記の①～④の基準を満たしてあらゆる努力を重ねたうえで、これ以外に対策はないという場合に、はじめて解雇が有効になる

7 解雇には少なくとも三〇日前の予告が義務づけられている

解雇予告と解雇の有効性に直接の関係はない

合理的で正当な理由に基づき、就業規則の規定に従った解雇命令も、それだけではまだ手続きとして不十分です。というのは、突然の解雇による生活不安を防ぐために、解雇は少なくとも**三〇日前に予告**することが義務づけられているからです（第二〇条）。

ここでいう三〇日とは暦日のことですから、休日をはさんでいても解雇日が延期されるわけではありません。また、単に「今日から三〇日を経過したとき」といった不明確なものは認められず、「解雇日は〇月〇日」と特定されていなければなりません。

解雇予告に代えて、平均賃金の三〇日分以上の支払いにより、即時解雇される場合もあります。この手当は**解雇予告手当**と呼ばれ、解雇日の予告と組み合わすことも認められています。

なお、解雇予告（手当）というのは、あくまでも手続き上のことですから、予告さえすれば解雇できるわけではなく、それ以前に合理的理由があることが絶対条件なのです（懲戒解雇なら、解雇予告をせずに即時解雇ができますが、労基署長の解雇予告除外認定が必要となります）。

解雇には予告を受けるのが原則

解雇予告	少なくとも30日以上前の予告が必要。解雇日は特定されなければならない
解雇予告手当	解雇の申し渡しと同時に支払われる。即日解雇なら30日分以上の平均賃金が支払われる。手当と予告を組み合せることもある 例：10日前の予告と20日分の予告手当
解雇予告の除外認定（即時解雇が認められる場合）	①天災事変など、やむを得ない理由で事業継続が不可能になった場合 ②労働者の過失が、保護に値しないほど重大な場合（懲戒解雇） 例：刑法に触れるような犯罪を犯した、職場規律を著しく乱した　など いずれの場合でも、所轄労基署長の解雇予告除外認定が条件とされている

解雇予告と解雇理由の関係

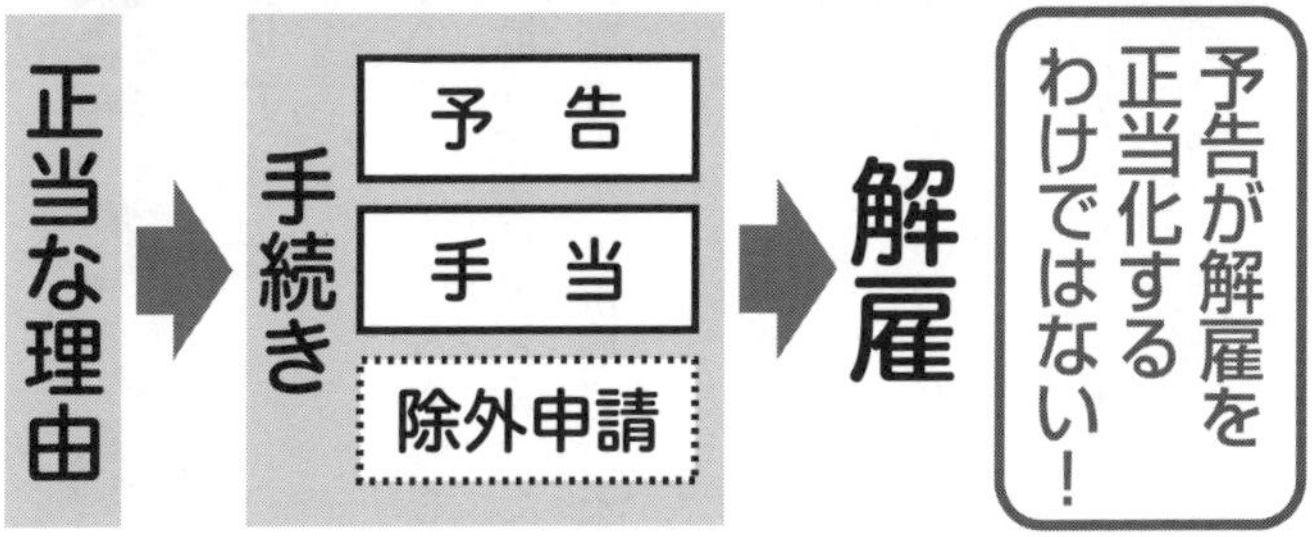

8 こんなときには解雇が禁止されている

懲戒事由に該当しても、解雇されない期間がある

これまで説明してきた解雇ルールを満たしてもなお、解雇が許されないケースというものもあります。すなわち、**業務上災害の療養**のために休業している場合と、**産前産後休業**を取得している場合で、それぞれの期間中およびその後三〇日間は、どんなことがあっても解雇されることはありません（第一九条）。

例外は業務上災害の療養を開始してから三年を経過しても治癒の見込みがなく、労災保険の傷病補償年金を受けている（受けることとなった）場合や会社が平均賃金の一二〇〇日分の**打切補償**を支払う場合と、天災事変などにより事業の継続が不可能となり労基署長の認定があった場合に解雇制限が解除されます。

しかし、解雇が制限される期間であっても、解雇予告をすることまでが禁じられているわけではありません。したがって、解雇制限期間中に懲戒解雇に該当する事実が発覚して解雇を宣告されれば、職場復帰して三〇日後に解雇されるということもあり得ます。

解雇の禁止期間と許されない解雇理由

解雇制限の期間

業務上災害の療養のための休業期間
※通勤災害には適用されない

産前産後休業期間中

＋

その後30日間

この期間中は、たとえ合理的な理由があっても解雇が禁止されている

解雇理由として禁止されているものの例

- 国籍、信条、社会的身分を理由とするもの（第3条）
- 労基署などへの申告を理由とするもの（第104条第2項）
- 年休取得を理由とするもの（附則第136条）
- 性別を理由とするもの（均等法第6条）
- 結婚、妊娠、出産、産前産後休業などを請求・取得したことを理由とするもの（均等法第9条）
- 育児・介護休業・子の看護休暇の申し出または取得を理由とするもの（育児・介護休業法第10条・第16条・第16条の4）
- 正当な労働組合活動を理由とするもの（労組法第7条）

9 有期契約では雇止めが認められないことがある

合理的理由がなければ雇止めはできない

労働契約に期間を定める場合の上限は原則三年（56ページ）で、パートやアルバイトなどで働く場合、三年の範囲内で労働契約の期間を定め、これを更新することが多いようです。

このような**有期労働契約**（期間を定めて締結されている労働契約）では、その契約の更新や雇止め（契約更新の拒否）について使用者と雇用者との間にトラブルが生じることがあります。

そこで、有期労働契約を三回以上更新し、または雇入れの日から一年を超えて継続している者を雇止めする場合は事前予告をすることと、労働者が請求した場合には雇止めの理由を明示することが義務づけられています。

さらに、二〇一二年の労働契約法改正で、有期労働契約の反復更新により無期労働契約（正社員）と実質的に異ならない状態の場合、または有期労働契約の期間満了後の雇用継続につき、合理的期待が認められる場合には、雇止めが客観的に合理的な理由がなければ、有期労働契約が更新（締結）されたとみなすこととなりました。

有期労働契約でのトラブル回避策

有期契約の期間中の解雇は原則禁止！

（労契法第17条）

雇止めが無効とされる場合

（労契法第19条）

ア　有期労働契約が反復して更新されたことにより、雇止めをすることが解雇と社会通念上同視できると認められる場合

イ　労働者が有期労働契約の契約期間の満了時にその有期労働契約が更新されるものと期待することについて合理的な理由が認められる場合

上記のどちらかに該当する場合に、使用者が、雇止めすることが、客観的に合理的な理由を欠き、社会通念上相当であると認められないときは、雇止めは認められず、従前の有期労働契約と同一の労働条件で有期労働契約が成立するという規定です。

雇止めするときの注意事項

（有期労働契約の締結、更新及び雇止めに関する基準）

雇止めの予告	3回以上更新している者または1年超の継続勤務者への契約更新をしない場合、期間満了日の30日以上前にその旨を伝えること
証明書の発行	労働者の請求があれば、更新拒否の理由についての証明書を交付しなければならない

10 解雇と退職では条件が大きくちがう

退職勧奨を安易に受け入れない

使用者の一方的な命令で雇用関係が終わる解雇と、自分の意思による退職とを混同するはずはないと思うかもしれませんが、実際にはそれほど単純なことではありません。

たとえば**退職勧奨**を受けた場合を考えてみましょう。景気の悪化や勤務成績の不調など、理由はなんでもいいのですが、ほのめかされた退職をうっかり受け入れてトラブルとなることは少なくないのです。退職勧奨は社員本人の自由意思による退職の意思表示を求めるものですから、自由な意思を妨げるものであってはなりません。上司の勧めに従ったのだからと、なんらかの優遇措置を期待しても、会社は**自己都合退職**と扱うという図式です。そうすると解雇予告手当などが支給されないのはもちろん、退職金も予想外に低水準となったり、雇用保険の基本手当を受給するときにも、受給開始が遅れるなどの不利益も被ります。

このほか、仕事を与えられないなどのいわゆる〝いじめ〟に耐えきれず、形としては自己都合退職するような場合も、実質的には解雇、しかも違法――かもしれないのです。

退職願は慎重に

解雇と退職の違い

解雇
使用者の一方的な意思表示による労働契約の解約
➡正当な理由・手続きが必要

退職
労働者が自分の意思で解約
➡安易に退職勧奨を受け入れると、自己都合退職として不利益があることも

解雇が疑われる退職

契約期間の満了	契約更新が繰り返された後なら、実質的には解雇になる
退職の強要	いじめ？ 不当解雇？

ポイント

☆本当に辞める気がなければ辞表は書かない
☆解雇の疑いがあり、不当だと思えば説明を求める
☆解雇予告手当などは安易に受領しない

※何の異議も申し立てずに解雇予告手当や退職金を受領した場合には、解雇は争わず、黙示の承諾をしたものとみなされることがある

11 懲戒解雇には厳しい制限がある

相当の理由とともに、手続き上の整備が求められる

制裁規定の中で最も重い**懲戒解雇**は、労働者にとっては退職金が支給されなかったり再就職に不利になるなど、大変過酷な処分ですから、法律や判例では厳しい制限があり、労働契約法でも、権利濫用の懲戒は無効と定めています（同法第一五条）。懲戒解雇が認められるのは、他の制裁と同様に就業規則への定めが大前提で、続いてその理由が問われます。社内財産を横領したり風紀を著しく乱した場合、私生活上では暴力事件などがその対象となるでしょう。

また、手続き的な整備も大事な条件です。仮に懲戒解雇に該当するような行為があっても、なんらかの事情があるでしょうし、ひょっとしたら誤解ということもあり得ます。そのため、社員に弁明の機会を与える必要があるのです。労働組合や社員代表との間で事前協議が必要となる場合もあるでしょう。

懲戒解雇がふさわしいと思える場合でも、以上の要件を一つでも満たさなければ一方的に強行することはできないというのが判例の考えかたなのです。

懲戒解雇にはいくつもの制約がある

権利濫用と認められる懲戒は無効！

就業規則に定めがある

懲戒規定の中で、懲戒解雇の理由が明示されていることが大前提。退職金不支給なども就業規則などに明記してあってはじめてできるものである

正当な理由がある

●著しく職場の風紀を乱した（セクハラも含む）
●公金横領
●刑法違反となる犯罪行為
●会社機密を外部に漏らした
●2週間以上の無断欠勤、他社への無断就職　など

所定の手続きを踏んでいる

●上記懲戒解雇事由に該当する事実があったことの確認
●本人の事情説明の機会を確保
●懲戒委員会での審議、組合との協議など、所定の手順を経ている
●解雇予告や解雇予告手当の支払いが不要になるためには、労基署長の解雇予告除外認定を受ける必要がある

C O L U M N

ヒトコト労働法 ⑧

育児・介護休業法

育児と介護の性格が違うのはいうまでもありませんが、「職業生活と家庭生活との両立」(第一条)という視点から、育児・介護休業法は一つの法律にまとめています。

二〇一〇年施行の改正では、少子化の流れを変え、男女ともに子育てや介護をしながら働き続けられる社会をつくるために、三歳までの子育て中の短時間勤務制度と残業免除が義務化されました。また、父親が育児休業を取得しやすくするため「パパ・ママ育休プラス」(父母ともに育休を取得する場合には子の年齢が一歳二カ月まで二カ月間プラスされる)など、制度が拡充されました。

さらに、近年深刻な問題となっている「介護離職」(家族などの介護を理由に離職を余儀なくされること)を防止するために、介護休業についても拡充されています。

①介護休業(要介護状態にある対象家族一人につき、要介護状態ごとに一回、通算して九三日まで取得可能)を分割して取得できるようにすること、②介護休暇は、要介護状態ごとに対象家族が一人であれば年五日、二人以上であれば年一〇日取得できるようにする、などの内容で、二〇一七年に改正されました。

パート9 さまざまな働きかたに対応する

パート、アルバイト、派遣、契約社員…
呼び名が変わっても
労働者であることに違いはない。
均等法・パート労働法・派遣法にも
親しんでおこう。

1 あらゆる男女差別が禁止されている

募集から退職まで、差別の内容をつかんでおく

二〇〇七年の改正均等法により、女性だけでなく男性も含めた**性差別が禁止**されるようになりました。

すなわち、性別を理由として募集・採用、配置・昇進・降格、教育訓練、福利厚生、職種・雇用形態の変更、退職勧奨・定年・解雇・契約更新の処遇に差をつけることは許されなくなったわけです。「許されない」というのは、仮にそのような規定を設けても無効であり、実態として差別的運用があれば是正要求や損害賠償を請求することが保障されているという意味です。

男女差別の判断には難しい面もありますが、長い目で見れば処遇に直接はねかえってくることですから、ひととおりのことは押さえておきたいものです。

また、一定の身長・体重・体力を募集・採用条件にすること、募集・採用・昇進・職種変更で全国転勤ができることを条件にすること、昇進の要件に転勤経験を課すことは、実質的に女性が満たしにくい条件ということで、合理的な理由がない限り禁止されています（**間接差別**）。

均等法が禁止している性差別の概要

募集・採用 （第5条）	●女子パート、営業マンなど、募集対象の性別を制限する ●募集対象者の年齢に男女差を設ける ●採用基準が男女で異なる ●会社説明会、試験日が男女で異なる　など
配置・昇進・降格・教育訓練 （第6条第1号）	●営業は男性、事務職は女性など、性別により職種が固定している ●同一職種なのに一方の性には転勤がない ●昇進・降格の基準が男女で異なる ●男性は研修が必須、女性は希望者のみとする　など
福利厚生 （第6条第2号）	●住宅ローンなどの貸し付けが一方の性に限られている ●社宅などの利用権が一方の性に特定されている　など
職種・雇用形態の変更 （第6条第3号）	●一般職から総合職への変更の際、一方の性を優先する ●契約社員を正社員へ登用する際、男女で異なる基準を設けている　など
退職勧奨・定年・解雇・契約更新 （第6条第4号）	●一方の性の労働者のみに早期退職制度の利用を働きかけたり、解雇の対象にする ●定年年齢が男女で異なる　など

☆女性への優遇措置が認められるケース

女性がいない、あるいは少ない職場や職種、役職に対して、女性の登用を図る場合は、俗にいう「ポジティブアクション」（均等法第14条）として、事業主は国の援助も受けられる

2 時間外・深夜労働も男女平等だ

女性だけへの残業規制も許されない

均等法および労基法の改正により、かつては制限されていた時間外労働や深夜業に、女性も従事できるようになりました。すでに一九九九年から実施されていることですが、あらためて整理しておきましょう（一八歳未満の深夜業は原則禁止されています）。

まず時間外・休日労働は、三六協定に基づく限り、**男女同一水準**が適用されます。均等法は性差別を禁止していますので、女性の時間外労働だけを短くすることも許されません。

次に深夜業ですが、これも原則としては男女同一の基準で運用しなければなりません。しかし、勤務の特殊性から一定の条件もあります。

たとえば、事業主は女性従業員をあらたに深夜業に就かせる前に、育児・介護や本人の健康などについて事情を聴いて配慮しなければなりません。

また、女性への深夜業解禁にともない、事業主には通勤や業務上の安全確保が義務づけられています。次ページに、その詳細をまとめておきます。

深夜業には特別な措置が必要

①通勤・業務中の安全確保	●送迎バスの運行 ●始発・終電の時間を配慮した勤務時間の設定 ●会社駐車場への防犯灯の設置 ●防犯ベルの貸与 ●女性1人での作業を避ける　など
②育児・介護などへの配慮	●深夜業にあらたに従事させる前には育児や家族介護、本人の健康に関する事情を聞く ●育児・介護休業法に基づく深夜業の制限を守る　など
③仮眠室、休養室などの整備	●男女別の仮眠室・休憩室を必要に応じて設置する　など
④健康診断および就業転換	●深夜業に就かせる予定で雇用した社員には①雇入れ時、②配置替えのとき、③6カ月以内に1回ごと、に健康診断を行うこと ●診断結果に応じて必要な措置をとること ◆深夜以外の時間帯への就業転換 ◆作業転換 ◆労働時間の短縮　など

3 妊娠中、産後一年間には特別な配慮がある

一定の通院は就業時間中にもできる

妊産婦に対しては、**母性健康管理措置**というものが事業主に義務づけられています。妊産婦というのは妊娠中または産後一年を経過していない状態をいい、そうした女性は次のような措置を求めることができます（均等法第一二条・第一三条）。

① 母子保健法に定める保健指導または健康診査を受診する時間の確保
② 保健指導や健康診査に基づく指導事項を守るための措置

これらは病院などでの受診が前提になりますので、その通院時間は就業時間中に請求できることになっています。受診結果に基づき、事業主に要求できる措置としては、①妊娠中の女性の通勤緩和措置、②妊娠中の女性の休憩に関する措置、③妊産婦の諸症状に対応する措置、の三種類が示されています。また、パートタイマーにも同様に適用されます。

これらの措置を求めたことなどを理由として、解雇や降格、正社員からパートタイマーへの身分変更を強要することなどの不利益取扱いが禁止されています（均等法第九条）。

妊産婦に対する保護規定の具体例

健康診査などを受ける時間を請求できる回数

妊娠週	通院回数
妊娠23週まで	4週間に1度
24週から35週まで	2週間に1度
36週から出産まで	1週間に1度
出産後	医師などが指示した回数

※この回数は原則であって医師などが異なる回数を指示した場合は、その回数について措置を講じなければならない

※ただし、通院時間中の給料支払いの有無は会社規定による

母性健康管理措置の具体例

妊娠中	●通勤緩和措置 時差通勤、勤務時間の短縮、フレックスタイム制の適用、交通機関・経路の変更　など ●休憩に関する措置 休憩時間の延長、回数の増加、時間帯の変更、休憩室の確保　など
妊娠中および産後1年以内	●諸症状に対する措置 軽易な作業への転換、勤務時間短縮、休業、作業環境の改善　など

不利益取扱いの禁止

- 婚姻、妊娠、出産、産前産後休業の請求・取得、母性健康管理措置などの請求を理由に解雇など不利益な取扱いをしてはならない
- 妊娠中および産後1年以内の女性労働者の解雇は、原則として無効

4 パート・アルバイトも正社員と同じ

労働条件もはっきり示してもらう

パートタイマーやアルバイトとして働く場合に忘れてならないことは、**法律上は労働者**であるということです。この点について正社員との間に変わりはありません(28ページ)。労働時間や賃金、あるいは職務内容などは採用条件に基づく処遇ですから正社員との間に差があることが多いものですが、法律上の権利に格差はありません。

すなわち、パートにも一週四〇時間・一日八時間という労働時間の上限は当然のこととして適用されますし、賃金の支払いルールや有給休暇、割増賃金、解雇のルール等も正社員と同様です。

また、雇入れにあたっては、労働条件を**労働条件通知書**で明示する必要もあります。

近年では「ブラックバイト」という言葉がありますが、パート・アルバイトの弱みに付け込んでサービス残業をさせたり、休日に働かせたりすることは、労働基準法で禁止されていることを忘れてはいけません。

最低限これだけは書面にしてもらう

契約期間	期間の定めなし 期間の定めあり（ 年 月 日～ 年 月 日） 契約更新の有無 （自動的に更新する・更新する場合があり得る・更新しない） 契約更新の判断基準 （業務量・勤務成績・能力・経営状況・業務の進捗状況）
就業の場所	（ ）
職務内容	（ ）
労働時間	始業（ 時 分）～終業（ 時 分）
休憩時間	（ 時 分）～（ 時 分）
時間外労働	有（1週 時間・1カ月 時間・1年 時間）／ 無
休日労働	有（1カ月 日・1年 日）／ 無
休日	（ ）
休暇	年次有給休暇（ ） その他の休暇 有給（ ）無給（ ）
賃金	基本給 時間給・日給・月給（ 円） 諸手当 （項目および計算方法 ） 賃金締切日（ 日） 賃金支払日（ 日） 昇 給 有（計算方法 ）／ 無 賞 与 有（計算方法 ）／ 無 退職金 有（計算方法 ）／ 無
退職に関する事項	定年制 有（ 歳）／ 無 （自己都合退職の手続き方法 ）
解雇の事由	（ ）

5 派遣で働くときの注意点

契約関係を明らかにしておくのが基本中の基本

雇用主と使用者が異なるという派遣労働では、労働条件を明確にしておくことがなにより大切なトラブル防止対策となります。

派遣労働者には、二種類の書面が交付されます。まず一つは派遣元との雇用関係を明らかにする**雇用契約書**（労働条件通知書）で、もう一つが派遣先での派遣労働の条件を証明するもの（**就業条件明示書**　派遣法第三四条、則第二六条）です。実際の就業条件は、後者に従うことになります。

就業条件明示書には、具体的な職務や派遣期間、労働時間などの労働条件が記されます。その内容は派遣元と派遣先とが交わす労働者派遣契約（派遣法第二六条）に基づくものですから、三者間の合意事項になるわけです。

なお、派遣労働者に派遣先の就業規則は適用されませんが、社内施設の利用条件など、派遣社員向けの規程がないかどうかも確認しておきましょう。

就業条件は事前に明らかにしてもらう

派遣先が変われば、そのつど交付してもらう

●就業条件明示書の内容

①業務内容	実際に従事する職種、仕事の内容
②派遣先企業について	実際に働く会社の名称、場所
③指揮命令者について	派遣先であなたに仕事を命令する人
④派遣期間と就業日	いつからいつまでを特定。休日についても
⑤派遣先での始業終業および休憩時間	派遣先の社員とは異なる場合もあり得る
⑥安全衛生	健康診断や仕事上の安全確保について
⑦苦情処理	労働条件をめぐるトラブルにどう対処してくれるのか
⑧途中解約	派遣先が途中解約した場合、契約期間の扱いはどうなるのか
⑨その他	●派遣元責任者・派遣先責任者の氏名・役職・連絡先など ●残業・休日出勤に関する定め ●派遣先で利用できる社内施設その他の福利厚生について　など

派遣元・派遣先責任者の役割

就業条件の説明・助言・指導、苦情処理、企業間の連絡調整など

疑問が生じたら、これらの責任者にまず相談してみる!

6 派遣可能期間は原則三年が限度

事業所も個人も

派遣法が成立して約三〇年。この間に派遣労働は急成長し、それに応じて派遣対象業務の拡大や派遣期間の延長、派遣労働者の保護などの改正が重ねられてきました。そして、二〇一五年九月、改正派遣法が施行されました。これによりすべての労働者派遣事業は新たな基準による許可制となりました。

二〇一五年改正の最大の特徴は、すべての業務で**派遣期間制限**が設けられたことです。まず、同一の事業所に対し派遣できる期間は三年となりました。三年を超えて派遣を受ける場合には、過半数労働組合または過半数代表者から意見を聴く必要があります。また、派遣労働者個人では、従来期間制限がなかった情報システム開発などの特定労働者派遣の派遣期間が、一般労働者派遣と同じ最長三年となりました。

同時に、派遣元事業主には、派遣先への直接雇用の依頼、新たな派遣先の提供、派遣元事業主による無期雇用等の**雇用安定措置**を講ずることが義務づけられました。

派遣で働く人も同一労働同一賃金

2020年(中小企業は2021年)から、パートタイム労働者、有期雇用労働者だけでなく、派遣労働者にも「同一労働同一賃金」の考えが派遣法改正により導入される。

派遣労働者について、派遣先の労働者との間に不合理な格差を設けてはならない

そのため、派遣元事業主は、次のいずれかの措置を講じなくてはならない。

(1)派遣先労働者との均等・均衡待遇

派遣先企業から、派遣労働者が担当する業務を派遣先の通常の労働者がどのような待遇で行っているかの情報提供を受け、派遣労働者の基本給や賞与その他の待遇を均等・均衡を考慮して決める。

(2)一定の要件を満たす労使協定による待遇

(1)の方式では派遣先が変わるたびに派遣労働者の待遇を変更しなくてはならない。そこで、派遣元事業主が労働者との間で労使協定を結べば、賃金などの待遇を決められる仕組みをとることもできる。この場合、派遣労働者の賃金等が「同種の業務で働く一般労働者の平均額を下回らない」という条件がつく。

※併せて派遣先にも、労働者の待遇に関する情報提供義務、教育訓練や福利厚生制度の利用を派遣労働者に均等に待遇する義務、(1)(2)を派遣元が順守できるよう派遣料金額を配慮する義務が設けられた。

7 請負契約でも労働者となることも

法律はあくまでも実態を重視する

職場にはパートや契約社員、あるいは派遣社員などが混在しているわけですが、すべての人が労働者であり、労基法や最低賃金法などの労働法の保護対象になるのが原則です。

しかし、同じような仕事をしていても、そうとはいえない場合があります。**請負契約**（民法第六三二条）や**委任契約**（同第六四三条）で働く場合がその例です。

極端なケースとして、完全歩合制の営業職を考えてみましょう。これが請負契約であれば何時間働こうと、製品が売れなければ報酬がゼロであってもかまわないことになります。出来高払制の保障給（148ページ）の対象にもなりません。なぜなら、請負や委任契約では、労務の提供を条件としているのではないため、労基法上の労働者とはいえないからです。

実態は「雇用契約」や「労働者派遣」なのに、請負や委託を偽装して（いわゆる**偽装請負**）、労基法や派遣法などの労働法の適用を免れることは、明らかな違法行為です。契約書はどうあれ、労働者と判断されれば、労働法で保護されることを忘れないでください。

適正な請負とは

1 労務管理上の独立性

自己の雇用する労働者を自ら直接利用すること

①業務の遂行に関する指示その他の管理を自ら行うこと
②労働時間等に関する指示その他の管理を自ら行うこと
③企業における秩序の維持、確保等のための指示その他の管理を自ら行うこと

2 事業運営上の独立性

請負契約により請け負った業務を自己の業務としてその契約の相手方から独立して処理すること

①業務の処理に要する資金を自己の責任で調達・支弁すること
②業務の処理について、民法、商法その他の法律の規定された事業主としてのすべての責任を負うこと
③単に肉体的な労働力を提供するものではないこと

労働者性の判断ポイント

- 労働時間、就業場所の制限を受けている
- 業務の拒否権がない
- 業務遂行の手順を指示される
- 代わりの者にまかせることが許されない
- 報酬の計算基礎が時間単位である
- 給料から源泉徴収されている
- 厚生年金保険や健康保険に加入している

これらに該当すれば労働基準法上の労働者に該当する可能性が高い!

8 家庭と仕事の両立支援策を利用しよう

男性でも支援措置は受けられる

女性でも男性でも育児や介護をする場合、法定の休業制度を利用できることはすでに述べましたが（122ページ）、それ以外にも労働時間についての優遇措置が適用されます。

まず、育児・介護従事者は、**時間外労働の限度時間**が一月二四時間、年間一五〇時間になります（育児・介護休業法第一七条・第一八条）。

また、**深夜業**を拒否することもできます（同第一九条・第二〇条）。ただし、同居の家族が育児・介護をできたり、そもそもの契約で労働時間のすべてが深夜業である場合など、免除対象にならないこともあります。

このほか、所定労働時間そのものを短縮したり、所定外労働の免除などにより、**勤務時間を短縮**してもらうこともできます（同第一六条の八・第二三条）。

なお、これらの優遇制度は本人の請求に基づくものであり、育児・介護をしているからといって自動的に適用されるわけではない点に注意してください。

育児・介護する人への支援措置

時間外労働が制限される

限度時間は1月24時間、年間150時間に

期間
- 育　児／小学校就学前の子を養育する期間
- 介　護／要介護状態にある対象家族を介護する期間

深夜業が免除される

午後10時から翌朝5時までの深夜の時間帯に就労を強制されることはない

期間
- 育　児／小学校就学前の子を養育する期間
- 介　護／要介護状態にある対象家族を介護する期間

勤務時間短縮などの措置を利用できる

育児
事業主は短時間勤務制度の適用や所定外労働の免除をしなければならない

介護
事業主はいずれかの措置を講じなければならない

- ●短時間勤務制度
- ●始業・終業時刻の繰上げ・繰下げ
- ●フレックスタイム制度の適用
- ●介護サービスの費用の助成

期間
- 育　児／1歳（一定の場合2歳）未満の子どもがいても育児休業を取得しない場合
  1歳以上3歳未満の子どもを養育する場合
- 介　護／3年間に2回以上

9 労働組合について、これだけは知っておきたい

労働者を代表して経営者との交渉にあたる

労働組合離れが指摘されて久しいように、その組織率は一九四九年の五五・八％をピークに年々低下を続け、現在では一七％台となっています（厚生労働省「労働組合基礎調査」）。

しかし、だからといって労働組合が必要ないということにはもちろんなりません。会社対個人では力関係に圧倒的な差がありますが、労働組合としての活動であれば、法律が後ろ盾となるため、対等といってよい立場になるからです。

団結権・団体交渉権・団体行動権は労働三権として憲法第二八条で保障された基本的権利ですし、労働組合法と労働関係調整法によって救済措置も整えられています。

団結という以上、労働組合を結成するには二人以上の組合員が条件となりますが、スタートとしてはそれでも十分だということは覚えておいてよいでしょう。いささか心細いかもしれませんが、不当な扱いに対しては大規模組合と同様の保護が受けられますし、外部組合の支援も期待できるようになります。

組合結成は労働者の権利だ

労働三権

☆憲法で保障された基本的な権利

団　結　権	労働者が団結する権利 労働組合を結成すること
団体交渉権	労働者が使用者と交渉する権利 労働条件について、使用者と直接交渉すること
団体行動権	団体交渉の内容を実行させるため、ストライキなどを行うこと。争議権

労働組合法上の労働組合とは

- 労働者が主体となって自主的に組織し運営するもの
- 労働条件の維持、改善、向上を目的とするもの
- 使用者から独立し、干渉を受けないもの

これに加えて組合規約を作成することで、法律上の救済措置を受けられるようになる

- 正当な団体行動などには刑法上の責任を問われない
（刑事免責　労組法第1条）
- ストライキなど正当な争議行為での損害に賠償責任を負わない
（民事免責　労組法第8条）
- 不当労働行為に対する救済措置が受けられる
（不当労働行為の救済　労組法第27条～第27条の18）

10 正当な活動には法律の保護がある

労働組合には実力行使が認められている

次に、労働組合の権利にはどのようなものがあるかを説明しましょう。

まずは経営者との話合いです。これは組合がなくても可能ですが、個人（またはグループ）との決定的な違いは、経営者には応じる義務が生じるという点です。労働条件に関する申入れは、**団体交渉権**として保障されているからです。

交渉によって何らかの合意に至れば、その内容を書面にします。これに署名・押印すれば**労働協約**となり、法的効力が生じます。その効力は76ページを参照してください。

交渉決裂、あるいはなんとしてでも組合要求を貫きたいというような場合にはストライキという手段もあります。**団体行動**の一つであるストライキには、全面スト・指名スト・時限ストなどの種類があります。

また、通常通りに仕事はするものの、リボンや腕章を着用して経営者に無言の圧力をかけるという方法もありますが、すべてが正当とされるわけではない点に注意が必要です。

労働組合はこんな活動をしている

団体交渉

- 組合員の労働条件などに関して、話合いの場を求める権利が保障されている
- 経営者はこれを拒否できないが、出席者や場所・日時などまでは拘束されない
- 政治問題や社会問題など使用者に決定権のない事項は対象とならない

労働協約

- 団体交渉での合意を書面にして、労使が署名または記名・押印して法的拘束力を持たせる
- 労働協約の内容は、組合員だけに適用されるのが原則
- 一つの職場の同種労働者の4分の3以上に適用されれば、他の労働者に効力が及ぶ

団体行動（争議行為）

ストライキ	就業の完全拒否。正当な範囲なら他の労働者への参加の呼びかけや、職場占拠も合法
サボタージュ	就業はするが、故意に作業能率を低める
リボン・腕章などの着用、ビラ貼り	程度によっては正当性のない組合活動とみなされる。つまり、懲戒の対象になり得るが、組合の弱体化をねらった制裁であれば、不当労働行為になる

11 不当労働行為には救済措置がある

組合員への不利益取扱いや報復措置は禁じられている

労働組合にはさまざまな権利が認められているわけですが、それらに実効力を与えているのが**不当労働行為の救済措置**です。

不当労働行為というのは、組合もしくは組合員であること、あるいは正当な権利行使を理由とする使用者による不利益な取扱いのことをいいます。具体的には、組合員のみを出向対象としたり、スト参加者に制裁を加える、団体交渉を拒否するなどがあたります。当然ながら、いずれも禁止されている行為です（労組法第七条）。

このような不当労働行為があった場合には、各都道府県の**地方労働委員会**（会社が二つ以上の都道府県にまたがる場合などは**中央労働委員会**）に救済を申し立てることができます。

申立てを受けた労働委員会では、事実関係を審査し、不当労働行為ありと認められる場合には経営者に対して違法行為の禁止や不利益取扱いの是正などを命じます。この命令に不服な場合には、中央労働委員会に再審査の申立てをしたり裁判所に提訴することもできます。

経営者に禁じられている不当労働行為

不利益取扱い	①組合員であること、②組合に加入しようとした、③組合を結成しようとした、④組合活動を行ったことなどを理由にとして解雇・配転・昇格差別などをすること。組合不加入、脱退を雇用条件とする(いわゆる黄犬契約)ことも許されない
団体交渉の拒否	労働組合が要求する団体交渉を正当な理由なく拒むこと。 会社側の出席者を、組合が指定することまではできない。また、社外組合に加入している場合、交渉そのものは強制できるが、出席者は社員に限られることはある
支配介入	組合の結成・運営に対して会社が影響力を及ぼそうとすること。組合結成の非難、脱退の呼びかけ、スパイ行為、経費援助などが典型的。経費援助は、組合の自主独立性を脅かすほどの額が禁じられているのであり、団体交渉時間への賃金支給、組合事務所の提供・光熱費の負担などは含まれない
報復的不利益取扱い	労働委員会に対する救済や再審査の申立て、証拠提示などを理由として不利益取扱いをすること

☆不当労働行為の救済

不当労働行為があった日から1年以内に、労働委員会に救済を申し立てる。労働委員会では、調査・審問・公益委員会議を経て、救済命令などを発する。途中で和解することも多い

COLUMN

ヒトコト労働法 ⑨

雇用保険法

一般的には失業保険と呼ばれること
が多いように、仕事を失ったときの金
銭補助だけが語られがちですが、雇用
保険の守備範囲はそれだけではありま
せん。

労災については補償よりも事故防止
のほうが大切なように、雇用保険では
失業自体の予防、雇用機会の創出・拡
大も重要な目的としているのです。

その中には教育訓練の実施や費用補
助、雇用機会を拡大する事業主への支
援などがあり、こうした施策は今後ま
すます比重を高めていくことでしょう。

もちろん、失業時の金銭給付は死活
問題でもありますが、会社を辞めれば
自動的に支給されるというというほど
単純なものではありません。

この経済的補助は「基本手当」と呼
ばれ、雇用保険失業等給付の中の求職
者給付の一つに位置づけられているも
のです。

基本手当を受給するためには労働の
意思と能力を持ち職業に就くことがで
きない状態にあることが条件とされて
います。

つまり、いつでも働ける状態にあり、
就職活動を実際に行ってなおかつ仕事が
ない、という場合にのみ、被保険者期
間、離職理由、年齢に応じた日数分だ
けの基本手当が支給されるのです。

困ったとき読む本シリーズ
新よくわかる労働基準法（改訂３版）

平成20年２月　５日　初版発行
平成21年３月23日　改訂版発行
平成22年４月25日　改訂版２刷発行
平成28年３月10日　改訂２版発行
平成31年３月31日　改訂３版発行

編　者　労働調査会出版局
発行人　藤澤 直明
発行所　労働調査会

〒170-0004　東京都豊島区北大塚2－4－5
TEL　03-3915-6401（代表）
FAX　03-3918-8618
http://www.chosakai.co.jp/

ISBN978-4-86319-717-6 C2030